ALEXANDER GOLDWEIN

IMMOBILIEN ERFOLGREICH VERMIETEN UND STEUERN SPAREN

MASTERKURS IMMOBILIENINVESTMENTS

M&E BOOKS VERLAG

Immobilien erfolgreich vermieten und Steuern sparen
Masterkurs Immobilieninvestments
Alexander Goldwein
ISBN 978-3-947201-06-8
2. Auflage 2017
© 2017 by M&E Books Verlag GmbH, Köln

M&E Books Verlag GmbH
Thywissenstraße 2
51065 Köln
Telefon 0221 – 9865 6223
Telefax 0221 – 5609 0953
www.me-books.de
info@me-books.de
Steuer-Nr: 218/5725/1344
USt.-IdNr.: DE310782725
Geschäftsführer: Vu Dinh

Die Deutsche Nationalbibliothek verzeichnet diese Publikation in der Deutschen Nationalbibliographie. Detaillierte bibliographische Daten sind im Internet über http://dnb.de abrufbar.

VORWORT

Auch Sie können Erfolg haben als privater Wohnimmobilieninvestor und Ihrem Vermögen eine neue Perspektive geben und finanzielle Unabhängigkeit erlangen. Diese Buchreihe setzt keine Vorkenntnisse voraus und ist auch für Anfänger geeignet. Sie gliedert sich in insgesamt 5 Teile, die jeweils als Taschenbuch und Ebook erscheinen. Sie können die Teile hintereinander durcharbeiten und erhalten so eine praktische Ausbildung zum Immobilieninvestor. Da die einzelnen Teile in sich abgeschlossene Darstellungen enthalten, können Sie diese auch separat lesen, um punktuell Ihr Wissen zu vertiefen.

Alternativ können Sie auch meine Gesamtdarstellung in dem Buch "**Geld verdienen mit Wohnimmobilien**" erwerben. In der Gesamtdarstellung werden alle Themen rund um Kapitalanlagen in Immobilien behandelt und mit konkreten Beispielen erklärt. Wenn Sie noch keine Kenntnisse haben und sich umfassend informieren wollen, ist die Gesamtdarstellung "Geld verdienen mit Wohnimmobilien" für Sie geeignet. Wenn Sie nur punktuell Ihr Wissen vertiefen wollen, wäre der entsprechende Teil dieser Buchreihe für Sie geeignet.

In diesem Teil der Buchreihe erhalten Sie eine verständliche Einführung in das für Vermieter praxisrelevante Steuerrecht. Darüber hinaus erhalten Sie eine praxisorientierte Einführung in die Grundlagen des Mietrechts einschließlich der Möglichkeiten zur Mieterhöhung.

Darüber hinaus umfasst die Buchreihe folgende weitere Teile:

- Strategie zum Reichwerden mit Immobilien
- Immobilien professionell suchen, prüfen und kaufen
- Immobilien richtig finanzieren und kalkulieren
- Immobilienkauf- und Bauvertrag rechtssicher abschließen

Ich bin Wirtschaftsjurist mit einer Spezialisierung im Immobilienrecht. Mit Kapitalanlagen in Immobilien bin ich innerhalb weniger Jahre self-made Millionär geworden. Als Autor und Berater habe ich zahlreiche Menschen zu wirtschaftlichem Erfolg geführt. Mehrere meiner praktischen Ratgeber zu Immobilien sind Bestseller Nr. 1 bei Amazon geworden.

Ich wünsche Ihnen viel Spaß beim Lesen und eine glückliche Hand bei Ihren Kapitalanlagen in Immobilien!

Alexander Goldwein

INHALTSVERZEICHNIS

I. STEUERRECHTLICHE BEHANDLUNG DER RENDITEIMMOBILIE

Im Folgenden möchte ich auf die steuerrechtlichen Aspekte eines Renditeimmobilienkaufes eingehen, um Ihnen deutlich zu machen, dass auch hier die Immobilie gegenüber anderen Geldanlagen sehr gut abschneidet. Die Steuervorteile werden immer wieder von Immobilienmaklern und Vertriebsagenturen plakativ beschworen. Aber leider werden die genauen Inhalte und Zusammenhänge in aller Regel nicht erklärt. Diese Informationslücke soll durch die nachfolgende Darstellung geschlossen werden. Dadurch werden Sie in den Stand versetzt, zu erkennen worauf es wirklich ankommt und was steuerrechtlich erreichbar ist und was nicht.

Zunächst werde ich Ihnen die einkommensteuerrechtlichen Wirkungen eines Immobilienkaufes erklären. Das betrifft insbesondere die laufenden Erträge aus Vermietung und Verpachtung und Veräußerungsgewinne. Im Anschluss daran werde ich die erbschafts- und schenkungssteuerrechtlichen Zusammenhänge darstellen. Zum Schluss komme ich auf die Grunderwerbsteuer und die Grundsteuer zu sprechen.

1. EINKOMMENSTEUER

Bei der Einkommensteuer sind zunächst laufende Erträge aus der Vermietung einer Immobilie und Erträge aus der Veräußerung einer Immobilie (Veräußerungsgewinne) zu unterscheiden.

a) Laufende Erträge aus Vermietung und Verpachtung

Bei laufenden Erträgen aus der Vermietung der Immobilie stellt sich die Lage steuerrechtlich wie folgt dar: Die Mieteinnahmen sind als Einkünfte aus Vermietung und Verpachtung der Einkommensteuer unterworfen.[1] Von diesen Einkünften dürfen aber die so genannten Werbungskosten und Sonderausgaben abgezogen werden. Tatsächlich steuerpflichtig ist somit nur die Differenz aus Mieteinnahmen einerseits und Werbungskosten und Sonderausgaben andererseits.

aa) Darlehenszinsen

Darlehenszinsen für die Finanzierung des Immobilienerwerbs können bei Renditeobjekten als Werbungskosten von den Mieteinnahmen abgezogen werden. Die gezahlten Darlehenszinsen reduzieren somit den tatsächlich der Steuer unterworfenen Anteil der Einkünfte aus Vermietung. Wichtig ist jedoch in diesem Zusammenhang, dass die Darlehenszinsen eindeutig einer Immobilie zuzuordnen sind. Ich empfehle daher, die Zahlungen über separate Konten laufen zu lassen. Das gilt insbesondere dann, wenn Sie mehrere Darlehen laufen haben und mehrere Immobilien gleichzeitig durch verschiedene Darlehen finanzieren. Das Finanzamt erkennt die Darlehenszinsen nur dann als

---

[1] Siehe § 2 Absatz 1 Nr. 6 EStG.

Werbungskosten an, wenn diese eindeutig einer Immobilie zuzuordnen sind.

Beispiel:

Sie kaufen zeitgleich ein Einfamilienhaus für € 250.000 zur Nutzung als Eigenheim und eine Eigentumswohnung für € 125.000 zur Vermietung als Renditeobjekt und setzen insgesamt € 100.000 Eigenkapital ein. Sie nehmen ein einziges Bankdarlehen für beide Immobilienkäufe auf. Steuerrechtlich ist es für Sie am besten, wenn Sie das Eigenkapital nur für den Erwerb des Eigenheims einsetzen und das Bankdarlehen nur für das Renditeobjekt, um die Darlehenszinsen möglichst vollständig steuermindernd ansetzen zu können.

Wenn Sie nun gegenüber dem Finanzamt nicht eindeutig dokumentieren können, dass Sie das Eigenkapital nur für die Bezahlung des Eigenheims eingesetzt haben, werden Sie Probleme haben, die günstigste Variante vom Finanzamt anerkannt zu bekommen. Das könnte z.B. passieren, wenn die Darlehensvaluta zunächst auf ein Konto fließt, auf dem auch das Eigenkapital liegt und von diesem Konto sämtliche Kaufpreise überwiesen werden.

Wenn Sie hingegen mit getrennten Konten arbeiten, können Sie gegenüber dem Finanzamt jederzeit dokumentieren, welchen Teil des Darlehens Sie für welche Immobilie eingesetzt haben. Damit wird auch die Zuordnung der Kreditzinsen zu Einnahmen aus der Vermietung problemlos möglich, um die Steuerlast zu drücken.

Darüber hinaus können auch solche Kosten als Werbungskosten anerkannt werden, die im Zusammenhang mit der Kreditfinanzierung stehen. Dazu gehören z.B. die Kosten der Bestellung eines Grundpfandrechtes für die Bank.

bb) Abschreibung für Abnutzung (AfA)

Zu den abziehbaren Werbungskosten gehören darüber hinaus die **Abschreibungen für Abnutzung (AfA)**. Dabei handelt es sich um einen pauschalen Ansatz einer Wertminderung des Gebäudes aufgrund von Abnutzung der Bausubstanz im Laufe der Zeit. Die Wertminderung wird jährlich pauschal in Höhe eines Prozentsatzes der Anschaffungs- bzw. Herstellungskosten **des Gebäudes** angesetzt. Die Abschreibung für Abnutzung (AfA) wird nach derzeit geltender Rechtslage für Wohngebäude mit konstant 2 % gestattet.[2] Das entspricht einer unterstellten Lebensdauer der Bausubstanz von 50 Jahren. Für Gebäude, die vor dem 1.1.1925 fertig gestellt worden sind, gilt ein Abschreibungssatz von linear 2,5 % pro Jahr.

Da die pauschal angesetzten Abschreibungsbeträge relativ großzügig bemessen sind, ist der tatsächliche Wertverzehr durch Abnutzung in aller Regel geringer. Die Abschreibung kann auch dann genutzt werden, wenn die Immobilie tatsächlich keinen entsprechenden Wertverzehr erfahren hat. Durch diesen Effekt werden die Mieteinnahmen damit rechnerisch in der Regel stärker gedrückt als tatsächlich Kosten aufgelaufen bzw. Wertminderungen eingetreten sind. Hinzu kommt, dass zusätzlich zu der Abschreibung tatsächlich angefallene Instandhaltungskosten von der Steuer abgesetzt werden können. Aus diesen Ef-

---

[2] Siehe § 7 Abs. 4 EStG.

fekten ergeben sich Steuervorteile für Erträge aus Vermietung und Verpachtung von Immobilien. Wenn durch diesen Effekt die Einnahmen aus Vermietung negativ werden, können sie darüber hinaus die Steuerlast auf andere Einkunftsarten (z.B. Arbeitslohn aus unselbständiger Arbeit) mindern.

Da nur auf Gebäude und Gebäudeteile und nicht auf das Grundstück eine jährliche Abschreibung für Abnutzung (AfA) erfolgen kann, ist es für Renditeobjekte anstrebenswert, die Anschaffungskosten beim Kauf der Immobilie zu einem möglichst großen Teil auf das Gebäude zu verteilen und zu einem möglichst kleinen Teil auf das Grundstück selbst. Damit wird die Abschreibungsbasis betragsmäßig möglichst groß, welches positive Wirkungen auf den Betrag der jährlichen Abschreibungen hat. Wenn die im notariellen Kaufvertrag vorgenommene Aufteilung des Kaufpreises auf Grundstück und Gebäude keine Veranlassung zu nennenswerten Zweifeln gibt, wird das Finanzamt diese in aller Regel ohne weitere Prüfung anerkennen. Ist das Verhältnis allerdings zu sportlich gewählt, wird das Finanzamt das kritisch hinterfragen. Denn die Aufteilung muss realistisch sein. Grundsätzlich soll die Aufteilung im Verhältnis der tatsächlichen Werte von Grund und Boden und aufstehendem Gebäude erfolgen. Für die Ermittlung des Verkehrswertes des Grundstücks können Sie auf die Bodenrichtwerte zurückgreifen, die vom Gutachterschuss für den entsprechenden Standort veröffentlicht worden sind.[3] Den Gebäudewert können Sie

---

[3] Ich verweise dazu auf die folgenden Internetseite:
http://www.gutachterausschuesse-online.de

dann einfach ermitteln, indem sie den Wert des Grundstückes, den Sie auf der Grundlage des Bodenrichtwertes ermittelt haben, von dem Kaufpreis (für Grundstück und Gebäude) abziehen. Bei einem solchen Ansatz liegen Sie in der Regel richtig, weil die Bodenrichtwerte aus tatsächlichen Verkäufen vom Gutachterausschuss abgeleitet wurden und damit den Wert des Grundstückes realistisch abbilden. Wenn die konkreten Umstände (Mikrolage und Zuschnitt des Grundstücks) es rechtfertigen, können Sie auf den Bodenrichtwert des Gutachterausschusses einen Abschlag vornehmen. Denn die Bodenrichtwerte sind Durchschnittswerte. Den Abschlag an sich und die Höhe des Abschlages müssen Sie natürlich für das Finanzamt plausibel begründen.

Wenn Sie die von Ihnen favorisierte Aufteilung prüfen wollen, können Sie dazu ein Tool des Bundesfinanzministeriums nutzen. Das Excel-Tool und eine Anleitung zur Errechnung des Gebäudeanteils stehen auf der Internetseite des Bundesfinanzministeriums zum Download bereit.[4]

Eine degressive Abschreibung mit höheren Abschreibungssätzen in den ersten Jahren ist nach aktueller Rechtslage nur noch in Sonderfällen möglich. Dazu gehören z.B. denkmalgeschützte Gebäude (siehe § 7 i EStG) und Gebäude in städtebaulichen Entwicklungsgebieten (siehe § 7 h EStG).

Die Steuervorteile aufgrund von degressiven Abschreibungssätzen werden häufig überschätzt. Es wird meistens

---

[4] Die Anleitung und das Excel-Tool finden Sie auf der Internetseite des Bundesfinanzministeriums, die Sie über den folgenden Kurzlink ansteuern können: https://goo.gl/EEQMqa.

außer Acht gelassen, dass hohe Sonderabschreibungen in den Anfangsjahren natürlich erkauft sind durch niedrigere Abschreibungsraten in späteren Jahren, denn die Abschreibungsbasis kann ja nicht mehr als 100% betragen. Bei Lichte betrachtet sind also durch die Sonderabschreibungen in den ersten Jahren Steuerlasten nur in die Zukunft verschoben worden, was natürlich einen Liquiditätsvorteil in Form eines Steuerstundungseffektes bringt. Das bedeutet, dass Renditeimmobilien allein durch Sonderabschreibungsmöglichkeiten in den Anfangsjahren noch keine interessanten Investitionen darstellen müssen und andererseits ohne solche Sonderabschreibungsmöglichkeiten gleichwohl gute Investitionen sein können. Sonderabschreibungen sind daher bei Lichte betrachtet nicht die Supersteuersparmodelle als die sie von Beratern häufig angepriesen werden.

Die Erwerbsnebenkosten (Grunderwerbsteuer, Maklerprovision und Notar- und Gerichtskosten für die Eigentumsumschreibung) gehören ebenfalls zu den Anschaffungskosten und erhöhen die Abschreibungsgrundlage. Sie können leider nicht im Jahr der Anschaffung vollständig von der Steuer abgesetzt werden sondern nur ratierlich in Höhe des AfA-Satzes als Bestandteil der Anschaffungskosten.

Bei neu errichteten Gebäuden stellen die Herstellungskosten die Abschreibungsbasis dar. **Herstellungskosten** sind diejenigen Kosten, die für die Errichtung des Gebäudes aufgewendet wurden, um es in einen gebrauchsfähigen Zustand zu versetzen. Dazu gehören neben den Kosten für Handwerkerleistungen und Baumaterial auch die Kosten eines Architekten und Baustatikers. Ebenfalls erfasst sind die Kosten für den Anschluss des Grundstückes an Versorgungsnetze. Keine abschreibungsfähigen Herstellungskosten sind hingegen die öffentlich-rechtlich erhobenen Erschließungskosten für das Grundstück.

cc) Instandhaltungskosten und anschaffungsnaher Aufwand

Instandhaltungskosten sind ebenfalls anerkannte Werbungskosten, die das zu versteuernde Einkommen aus Vermietung und Verpachtung reduzieren und damit die Steuerlast mindern.

Dazu gehören unter beispielsweise:

- Erneuerungen von Innen- und Außenanstrichen und Wandbekleidungen
- Reparatur und Erneuerung sanitärer Anlagen
- Dachreparatur und Dacherneuerung
- Reparatur oder Erneuerung der Heizungsanlage
- Erneuerung von Fußböden

Instandhaltungskosten können grundsätzlich in dem Jahr voll von der Steuer abgesetzt werden, in dem sie anfallen. Das gilt mit Einschränkungen auch dann, wenn die Erneuerung von Bauteilen und Anlagen mit einer Modernisierung verbunden ist (z.B. Ersetzung der Fenster mit Einfachverglasung durch Fenster mit Doppelverglasung und Austausch von Gasetagenheizungen durch eine Zentralheizung).

Eine Einschränkung gilt jedoch insoweit, als in den ersten 3 Jahren nach der Anschaffung des Gebäudes die Instandhaltungskosten maximal 15% der Anschaffungskosten betragen dürfen. Dabei wird auf den Nettobetrag der

Instandhaltungskosten ohne Umsatzsteuer abgestellt. Soweit die Instandhaltungskosten diese Grenze von 15% übersteigen, wird von **anschaffungsnahem Aufwand** gesprochen, der nicht sofort steuermindernd abgezogen werden darf, sondern den Anschaffungskosten zugerechnet werden muss. Die Konsequenz ist steuerrechtlich nachteilig, da diese Kosten dann nicht **sofort** steuermindernd wirken, sondern als Bestandteil der Abschreibungsgrundlage nur ratierlich in Höhe des jährlichen Abschreibungssatzes (in der Regel 2%) zu Buche schlagen.

Eine weitere Einschränkung besteht für Instandsetzungskosten, die aufgewendet werden, um das erworbene Gebäude in einen betriebsbereiten Zustand zu versetzen. Diese Kosten sind ebenfalls den Anschaffungskosten zuzuschlagen und können nicht sofort als Werbungskosten abgesetzt werden. Wenn Sie z.B. einen Rohbau ohne Dach und Fenster kaufen und diesen in einen vermietbaren Zustand versetzen durch Einbau von Fenstern, Hauselektrik, Wasserleitungen, Heizung und Anbringung eines Daches, dann sind diese Kosten selbst dann keine sofort absetzbaren Instandhaltungskosten, wenn sie die Grenze von 15% nicht überschreiten. Denn ohne diese Ausstattungsmerkmale ist ein Gebäude natürlich nicht betriebsbereit und nutzbar.

Die Abgrenzung der Instandhaltungskosten von Herstellungskosten bzw. Anschaffungskosten ist nicht immer ganz einfach. So stellt sich die Frage der Abgrenzung z.B. bei der Erneuerung von Gebäudeteilen, die mit einer erheblichen Erweiterung oder Verbesserung des Gebäudes einhergehen. Diese Abgrenzung ist jedoch steuerrechtlich von Bedeutung, da davon abhängt, ob die Kosten sofort

steuermindernd angesetzt werden können (so bei Instandhaltungskosten) oder ob diese der Abschreibungsgrundlage
zugerechnet werden müssen (so bei Herstellungskosten).

Zur Abgrenzung von Instandhaltungskosten einerseits
und Herstellungskosten andererseits wurden die folgenden Kriterien entwickelt: **Herstellungskosten** liegen dann
vor, wenn ein Gebäude in seiner Substanz wesentlich
vermehrt wird oder wenn das Gebäude in seinem Zustand
insgesamt wesentlich verbessert wird. Instandhaltungskosten liegen vor, wenn die bestehende Bausubstanz und
Installationen lediglich ausgetauscht und repariert werden
ohne eine erhebliche qualitative Verbesserung oder Erweiterung. Vorsicht ist also insbesondere bei einem sehr umfangreichen Paket von Modernisierungsmaßnahmen geboten, das den Standard der Immobilie anhebt.[5]

dd) Vermeintliche und tatsächliche Steuersparmodelle

Immer wieder werden Immobilien als Steuersparmo-
delle angepriesen. Dabei wird landläufig die Behauptung
aufgestellt, dass eine als Renditeobjekt erworbene Immobilie dann besonders lukrativ ist, wenn damit besonders
kräftige Verluste eingefahren werden. Diese pauschale Behauptung ist falsch und gefährlich, wenn nicht differen-
ziert wird.

Die entscheidenden Zusammenhänge stellen sich wie
folgt dar: Wenn über Verluste im Zusammenhang mit Im-
mobilienbewirtschaftung gesprochen wird, dann muss dif-

---

[5] Die Einzelheiten können Sie im BMF-Schreiben vom 18.7.2003
(Az IV C 3 – S 2211 – 94/03) nachlesen – abrufbar unter dem folgenden Link: https://goo.gl/L4Ce3r

ferenziert werden, ob es sich um rechnerische Buchverluste aus Abschreibungen handelt oder ob es um tatsächliche operative Verluste geht.

Rechnerische Buchverluste können sich daraus ergeben, dass Abschreibungen auf die Immobilie für Abnutzung (AfA) höher ausfallen, als die Einnahmen aus der Immobilie. Diese Konstellation tritt häufig bei Immobilien auf, die in den ersten Jahren erhöhte Sonderabschreibungen ermöglichen (z.B. denkmalgeschützte Gebäude oder Gebäude in Sanierungsgebieten und städtebaulichen Entwicklungsbereichen).[6]

Von diesen rechnerischen Buchverlusten zu unterscheiden sind **tatsächliche operative Verluste**. Damit sind solche Verluste gemeint, die sich nicht rechnerisch aus Abschreibungen als Abzugsposten der Mieteinkünfte ergeben, sondern aus einem tatsächlichen Überhang aus echten Kosten (z.B. Darlehenszinsen und Reparaturaufwand) gegenüber den Mieteinkünften. Operative Verluste treten z.B. im Falle eines Leerstandes sehr schnell auf, weil die Einnahmen wegbrechen, aber die Kosten weiterlaufen.

Während sich aus rechnerischen Buchverlusten in der Tat Steuervorteile ergeben können, sind tatsächliche operative Verluste schädlich und können über die steuerliche Berücksichtigung den Verlust nur begrenzen, aber keineswegs voll kompensieren. Der Kapitalanleger muss sich darüber im Klaren sein, dass Verluste aus einer Immobilie nur teilweise durch Steuererstattungen kompensiert werden können und zwar maximal in Höhe des Spitzensteuersatzes des Immobilieneigentümers. Wenn Sie also einen

---

[6] Ich verweise dazu auf § 7 h EStG und auf § 7 i EStG.

Spitzensteuersatz von 42% haben, dann können Sie über Steuererstattungen auch nur maximal 42% (zzgl. Solidaritätszuschlag) von aufgelaufenen Verlusten aus der Vermietung kompensieren, aber niemals 100% oder gar mehr. Verluste verwandeln sich über die Steuer eben nicht wie von Zauberhand in Gewinne. Daher sollten Sie als kluger Investor selbstverständlich das Ziel haben, operative Gewinne und keine Verluste zu erzielen.

Richtig ist allerdings, dass sich ein Steuervorteil bereits daraus ergibt, dass über die AfA die theoretische Abnutzung des Gebäudes von der Steuer abgesetzt werden kann **und zusätzlich** Instandhaltungskosten geltend gemacht werden können. Eigentlich sind diese Positionen deckungsgleich und die doppelte Ansatzmöglichkeit führt im Ergebnis zu einer Verdopplung der Werbungskosten. Das ist jedoch vom Gesetzgeber so gewollt. Im deutschen Steuerrecht sind jede Menge Privilegien für Immobilieninvestoren angelegt. Man mag das kritisieren. Aber ändern wird man daran nichts, weil einflussreiche Politiker in aller Regel selbst massiv profitieren und daher keine Neigung haben, das System zu verändern.

ee) Steuerprivilegien bei Denkmalschutzimmobilien

Eine besondere Privilegierung bei den Einkünften aus Vermietung und Verpachtung genießen Denkmalschutzimmobilien. Diese Privilegierung stellt eine Gegenleistung des Staates für die denkmalschutzrechtlichen Auflagen und Einschränkungen des Eigentümers dar.

Das Finanzamt gewährt erhöhte Abschreibungssätze gemäß § 7 i EStG. Diese sind im Jahr der Herstellung und in den folgenden sieben Jahren jeweils bis zu 9% pro Jahr und in den folgenden vier Jahren jeweils bis zu 7% der Herstellungskosten. Zu bedenken ist dabei, dass nicht die gesamte Bausubstanz der erhöhten Abschreibung unterliegt. Vielmehr können nur solche Herstellungskosten mit erhöhten Jahressätzen abgeschrieben werden, die nach Art und Umfang erforderlich sind, um das Gebäude als Baudenkmal zu erhalten **oder** sinnvoll zu nutzen. Die Anschaffungskosten für den Erwerb der Altbausubstanz können nicht erhöht nach § 7 i EStG abgeschrieben werden.

Ausgangspunkt und übergreifender Gesichtspunkt ist die Erhaltung des Gebäudes als Baudenkmal. Nur diese im öffentlichen Interesse liegende denkmalpflegerische Aufgabe soll mit steuerrechtlichen Anreizen gefördert werden.[7] Bauliche Maßnahmen zur Anpassung eines Baudenkmals an einen zeitgemäßen Nutzungsstandard sind ebenfalls begünstigt. Dazu gehören u. a. Aufwendungen für eine zeitgemäße Haustechnik, Heizungsanlage und sanitäre Anlagen. Damit trägt der Gesetzgeber dem Gedanken Rechnung, dass das Interesse der Eigentümer an der Erhaltung der Bausubstanz bei einer sinnvoll genutzten Denkmalimmobilie natürlich größer ist als bei einer reinen Museumsimmobilie.

Aufwendungen für die sinnvolle Umnutzung eines Denkmalschutzgebäudes sind jedoch nur dann der erhöhten Abschreibung gemäß § 7 i EStG zugänglich, wenn die

---

[7] Ich verweise dazu auf eine Broschüre der Landesregierung von Nordrhein-Westfalen mit dem Titel „Steuertipps für Denkmaleigentümerinnen und Denkmaleigentümer", Stand 2009, S. 11. Dieses Dokument finden Sie zum kostenlosen Download unter dem folgenden Link: https://goo.gl/N4Hhnw

historische Bausubstanz und der Denkmalcharakter der Immobilie erhalten bleiben. Darüber hinaus ist Voraussetzung, dass die Aufwendungen für die Umnutzung **erforderlich** sind. Zu beachten ist dabei, dass das Merkmal **erforderlich** einen strengen Maßstab an die Aufwendungen legt. Es reicht nicht aus, dass die Aufwendungen aus denkmalpflegerischer Sicht angemessen oder vertretbar sind. Die Erforderlichkeit der Baumaßnahme muss sich aus dem Zustand des Baudenkmals vor Beginn der Baumaßnahme und aus dem denkmalpflegerisch sinnvoll erstrebenswerten Zustand ergeben.[8]

Welche Aufwendungen nach diesen Kriterien begünstigt sind, kann regelmäßig nur im Einzelfall beurteilt werden. Das Vorliegen dieser Voraussetzung muss vor Ausführung der Baumaßnamen mit der Denkmalschutzbehörde abgestimmt werden. Nur mit einer Bescheinigung der Denkmalschutzbehörde können die Steuervorteile in Anspruch genommen werden.

b) Veräußerungsgewinne

Veräußerungsgewinne bei vermieteten Wohnimmobilien sind nach wie vor einkommensteuerfrei, wenn die Immobilie **mindestens 10 Jahre im Privatvermögen** gehalten wurde.[9] Für die Definition des 10-Jahreszeitraumes

---

[8] Siehe „Steuertipps für Denkmaleigentümerinnen und Denkmaleigentümer" der Landesregierung von Nordrhein Westfalen, Stand 2009, S. 14.

[9] Bei selbst bewohnten Immobilien ist ein realisierter Veräußerungsgewinn bereits nach kürzerer Zeitspanne steuerfrei (§ 23 Abs. 1, Satz 1 Nr. 1 EStG). Zur Auslösung der Steuerfreiheit genügt, dass die Immobilie entweder zwischen der Anschaffung oder Fer-

ist relevanter Stichtag jeweils der Tag, an dem der notarielle Kaufvertrag geschlossen wird. Der tatsächliche Übergang des Eigentums ist **nicht** relevant für den Stichtag. Dieser erfolgt ja auch erst etwa drei Monate nach Abschluss des notariellen Kaufvertrages mit der Eintragung des Käufers im Grundbuch.

c) „Drei-Objekt-Grenze"

Schwieriger ist die Beurteilung des Kriteriums, dass die Immobilie **im Privatvermögen gehalten** sein muss. Das kann insbesondere zweifelhaft sein, wenn die Grenze privater Vermögensverwaltung überschritten wird. Bei der Frage, ob noch eine private Vermögensverwaltung oder bereits ein gewerblicher Grundstückshandel vorliegt, orientiert sich die Finanzverwaltung an Indizien, die den Schluss nahelegen, dass nicht die Erwirtschaftung einer Rendite durch langfristige Vermietung im Vordergrund steht, sondern die Erzielung von Veräußerungsgewinnen. In diesem Zusammenhang spielen tatsächliche Umstände eine Rolle, die eine Veräußerungsabsicht des Investors bereits in zeitlicher Nähe zum Kauf, zur Errichtung oder zur Modernisierung nahelegen. Die Details der Abgrenzung sind leider recht kompliziert und in einem Schreiben des Bundesfinanzministeriums vom 26.03.2004 zusammengefasst.[10]

---

tigstellung und der Veräußerung ausschließlich zu eigenen Wohnzwecken genutzt wurde oder alternativ im Jahr der Veräußerung und den beiden vorangegangen Jahren selbst bewohnt wurde.

[10] BMF – Schreiben vom 26.3.2004 (Az IV A 6-S 2240-46/04) - abrufbar unter folgendem Link im Internet: http://goo.gl/f5rh2m

Die Finanzverwaltung geht **in der Regel** davon aus, dass **kein** Privatvermögen, sondern Umlaufvermögen eines gewerblichen Grundstückshandels vorliegt, wenn die so genannte **Drei-Objekte-Grenze** überschritten wird.[11] Das ist dann der Fall, wenn innerhalb von fünf Jahren mehr als drei Immobilien in zeitlicher Nähe zu deren Anschaffung, Herstellung oder grundlegender Modernisierung verkauft werden. Das hat gravierende Auswirkungen auf die Besteuerung und sollte daher unter allen Umständen vermieden werden. Eine wesentliche Auswirkung ist die, dass die Steuerfreiheit von Veräußerungsgewinnen vollständig entfällt. Und zwar auch rückwirkend auch für die vorangegangenen drei Verkäufe, wenn die Drei-Objekt-Grenze gerissen wird.

Da die **Drei-Objekte-Grenze** „nur" ein Kriterium mit Indizwirkung ist, kann im Einzelfall trotz Einhaltung der Grenze gleichwohl ein gewerblicher Grundstückshandel vorliegen. Vor einem Verkauf sollten Sie sich daher unbedingt Gewissheit verschaffen, dass die in dem BMF-Schreiben vom 26.03.2004 niedergelegten Kriterien für die Steuerfreiheit eines Veräußerungsgewinns erfüllt sind.

Bei einer langfristigen Vermietung von Wohnimmobilien für mindestens 10 Jahre nimmt die Finanzverwaltung in aller Regel **keinen** gewerblichen Grundstückhandel an, sondern unterstellt zu Ihren Gunsten eine private Vermögensverwaltung. Das ist ein sehr starkes Argument dafür,

---

[11] Neben der Drei-Objekte-Grenze gibt es weitere Kriterien, die die Einordnung als gewerblicher Grundstückshandel nach sich ziehen können. Zur richtigen Zählweise bei der Drei-Objekte-Grenze verweise ich auf ein Urteil des Bundesfinanzhofes vom 17.12.2008 (abgedruckt in Neue Juristische Wochenschrift 2009, S. 2624).

nicht von der eisernen Grundregel abzuweichen, Renditeimmobilien niemals vor Ablauf von 10 Jahren Haltedauer zu verkaufen.

d) Abgeltungssteuer

In diesem Zusammenhang noch eine Bemerkung zum Thema **„Abgeltungssteuer"**, die es seit dem 01.01.2009 gibt. Sie erfasst z.B. Veräußerungsgewinne aus Aktien mit einem pauschalen Steuersatz in Höhe von 25% zzgl. Solidaritätszuschlag und Kirchensteuer und zwar unabhängig von Haltefristen in jedem Fall. Bis zum 31.12.2008 waren Veräußerungsgewinne aus Aktien noch steuerfrei, wenn diese mindestens 12 Monate gehalten worden waren.

Die gute Nachricht für Immobilieninvestoren: Die Abgeltungssteuer fällt für Veräußerungsgewinne aus Immobilien **nicht** an. Auch hier können Sie wieder sehen, dass der Gesetzgeber viel für Immobilieninvestoren tut. Keine andere Anlageklasse erfährt so viele Streicheleinheiten vom Staat wie private Kapitalanlagen in Immobilien. Auch das ist ein starkes Argument, eine Zukunft als privater Immobilieninvestor anzustreben.

Nach meiner Einschätzung ist die Abschaffung der Steuerfreiheit von Veräußerungsgewinnen für Aktien zum 01.01.2009 bei gleichzeitiger Beibehaltung der Steuerfreiheit für Immobilien verfassungswidrig, weil sie gegen den Gleichheitssatz des Grundgesetzes (Artikel 3 GG) verstößt, der auch für das Steuerrecht gilt. Daher sehe ich eine hohe Wahrscheinlichkeit, dass das Bundesverfassungsgericht diese ungleiche Behandlung von Veräußerungsgewinnen bei Aktien und Immobilien als verfassungswidrig einstufen wird. Das wird jedoch noch einige Zeit dauern, bis ein entsprechendes Verfahren dort anhängig gemacht und entschieden wird. Gleichwohl sehe ich am Ende des Tages keine Gefahr für die Steuerfreiheit von Veräußerungsgewinnen bei Immobilien.

Denn mit an Sicherheit grenzender Wahrscheinlichkeit werden die Politiker auf eine solche Entscheidung des Bundesverfassungsgerichtes so reagieren, dass sie im Zweifel lieber Steuerprivilegien für Aktien wieder einführen als Privilegien für Immobilien abzuschaffen. Denn die Verfassungsmäßigkeit der Steuerfreiheit von Veräußerungsgewinnen bei Immobilien könnte auch so hergestellt werden, dass die Veräußerungsgewinne bei Aktien genauso privilegiert werden. Das würde auf eine Spekulationsfrist von 10 Jahren bei Veräußerungsgewinnen aus Aktien hinauslaufen.

Die Alternative, die Steuerfreiheit von Veräußerungsgewinnen für Immobilien auch abzuschaffen, werden die Politiker wohl kaum wählen. Ich bin bereit, darauf eine Wette abzuschließen!

2. ERBSCHAFTSSTEUER UND SCHENKUNGSSTEUER[12]

Da Immobilien häufig den größten Vermögensteil eines Menschen ausmachen und längerfristig gehalten werden,

---

[12] Ich verweise in diesem Zusammenhang auf mein weiteres Buch mit dem Titel „Immobilien steueroptimiert verschenken & vererben". Sie finden darin Gestaltungsmöglichkeiten erklärt, um Erbschafts- und Schenkungssteuern zu sparen und darüber hinaus den Schenker einer Immobilie optimal für das Alter abzusichern. Das Buch finden Sie unter dem folgenden Kurzlink: https://goo.gl/UPyc2L

sollte man als Immobilieninvestor auch über erbschaftssteuerliche und schenkungssteuerliche Aspekte nachdenken.

Wichtig ist zunächst die Erkenntnis, dass nicht nur der Erwerb einer Immobilie im Erbfall mit Steuern belastet sein kann, sondern auch die Schenkung einer Immobilie zu Lebzeiten. In beiden Fällen wird die Steuer prinzipiell identisch berechnet.[13] Im Erbfall wird sie Erbschaftssteuer genannt und im Schenkungsfall zu Lebzeiten Schenkungssteuer. Beide Steuern sind im **Erbschafts- und Schenkungssteuergesetz (ErbStG)** geregelt.

Die Erbschaftssteuer fällt an, wenn Vermögensgegenstände durch Erbfall erworben werden. Dabei wird nicht der Nachlass des Verstorbenen als Ganzes belastet, sondern der Vermögensteil, der auf einen Erben übergeht. Das bedeutet, dass die Steuer bei dem Erben auf den Teil der Erbmasse anfällt, der ihm vom Erblasser zugewendet worden ist und nicht auf die Erbschaft als Ganzes. Wenn z.B. ein Mietshaus mit 10 Wohnungen an zwei Kinder zu je ½ vererbt wird, dann fällt die Erbschaftssteuer bei jedem Kind an und bezieht sich dann auf ½ der Erbmasse, d.h. auf die Hälfte des Wertes des Mietshauses und nicht auf das ganze Mietshaus.

Der Schenkungssteuer unterliegen Schenkungen unter Lebenden, die hinsichtlich der Belastung mit Steuern gleich behandelt werden wie ein Erwerb im Wege einer Erbschaft. Bei Schenkungen besteht allerdings die Besonderheit, dass die Steuerfreibeträge alle 10 Jahre erneut ausgenutzt werden können, so dass durch eine ratenweise

---

[13] Siehe § 7 in Verbindung mit § 1 Abs. 1 Nr. 1 ErbStG.

Schenkung zu Lebzeiten in 10 - Jahresabständen unter Umständen in erheblichem Umfang Steuern gespart werden können.

Da beide Steuern nach einem identischen Verfahren berechnet und erhoben werden, sind bei den folgenden Ausführungen immer beide Steuern gemeint, wenn nicht ausdrücklich auf einen Unterschied hingewiesen wird.

a) Bemessungsgrundlage bei Immobilienvermögen

Bei der Heranziehung zur Erbschafts- oder Schenkungssteuer muss zunächst der steuerrechtlich relevante Wert des verschenkten oder vererbten Vermögens ermittelt werden. Bei Geldvermögen ist das natürlich sehr einfach, weil einfach nur festgestellt werden muss, wie viel Geld auf Konten oder in bar vorhanden ist.

Bei Immobilien als Bestandteil des Vermögens ist das schwieriger. Die richtige Ermittlung des steuerrechtlich relevanten Wertes von Immobilien war lange Zeit ein Zankapfel und ist Gegenstand mehrerer Entscheidungen des Bundesverfassungsgerichtes gewesen, welches wiederholt die Rechtslage als verfassungswidrig bemängelt hatte, weil Immobilien anders bewertet worden waren, als andere Vermögensbestandteile. Die Privilegierung von Immobilien bei der Erbschafts- und Schenkungssteuer ergab sich daraus, dass diese durch ein unrealistisches Bewertungsverfahren für steuerrechtliche Zwecke mit einem viel niedrigeren Wert veranlagt wurden als andere Vermögensbestandteile.

Nach der bis zum 31.12.2008 geltenden Rechtslage wurden Immobilien im Durchschnitt nur mit ca. 50% des tatsächlichen Wertes zur Erbschafts- und Schenkungssteuer veranlagt, was zu einer Ungleichbehandlung mit anderem Vermögen (z.B. Aktien oder Kapitallebensversicherungen) geführt hat.[14] Durch diese Bewertung von Immobilienvermögen war die Bemessungsgrundlage für die Erbschafts- und Schenkungssteuer bei Immobilien geschmälert worden mit der Folge, dass die Steuer nur auf einen Bruchteil des tatsächlichen Wertes der Erbmasse bzw. Schenkungsmasse anfiel. Getrieben von der Grundsatzentscheidung des Bundesverfassungsgerichtes vom 07.11.2006 hat der Gesetzgeber die Grundlagen der Bewertung von Immobilien zur Berechnung der Erbschafts- und Schenkungssteuer mit Wirkung zum 01.01.2009 grundlegend überarbeitet.[15] Darüber hinaus sind erhebliche Änderungen bei den Freibeträgen und bei den Steuersätzen eingeführt worden. Aufgrund der neuen Rechtslage sind die Steuervorteile für Immobilien reduziert worden, da nunmehr auch für Immobilienvermögen Bewertungsverfahren steuerrechtlich festgeschrieben wurden, die zu einer realistischeren Bewertung der Immobilie führen.

Für die Bewertung von Wohnimmobilien ist nunmehr das Vergleichswertverfahren vorgeschrieben. Danach wird der Wert einer Immobilie durch den Vergleich mit tatsäch-

---

[14] Siehe Beschluss des Bundesverfassungsgerichtes v. 07.11.2006, abgedruckt in Neue Juristische Wochenschrift 2007, S. 573 (579 f.).

[15] Die Entscheidung des Bundesverfassungsgerichtes vom 07.11.2006 (abgedruckt in Neue Juristische Wochenschrift 2007, S. 573 ff) hat den Gesetzgeber gezwungen, die Bewertungsgrundlagen von Immobilien für die Berechnung der Erbschafts- und Schenkungssteuer zu reformieren.

lichen Verkäufen vergleichbarer Immobilien ermittelt. Statt des Vergleiches mit anderen Immobilien kann auch der Wertansatz mit Vergleichsfaktoren (Quadratmeterpreise) erfolgen, die ebenfalls vom Gutachterausschuss der Gemeinde ermittelt werden, in der die Immobilie liegt. Da die Vergleichsfaktoren der Gutachterausschüsse anhand tatsächlich erfolgter Verkäufe ermittelt werden, bilden die so ermittelten Wertfaktoren den Wert der Immobilie realistisch ab. Falls solche Vergleichswerte für eine Immobilie nicht vorliegen, ist nach neuer Rechtslage hilfsweise auf das Ertragswertverfahren zurück zu greifen.

Das Erbschafts- und Schenkungssteuergesetz enthält jedoch auch nach der vom Bundesverfassungsgericht erzwungenen Korrektur der Bewertungsvorschriften noch immer Privilegierungen von Immobilienvermögen. So sieht Gesetz seit dem 01.01.2009 vor, dass im Privatvermögen gehaltene und vermietete Wohnimmobilien nur mit 90% des ermittelten Marktwertes anzusetzen sind.[16] Das dürfte einen ganz erheblichen Teil des Immobilienvermögens betreffen, der von privaten Investoren gehalten wird. Dieser Wertansatz mit 90% liegt zwar schon erheblich höher als die Ansätze von durchschnittlich 50% nach alter Rechtslage, aber immer noch unterhalb der für andere Vermögensarten üblichen 100%. Darüber hinaus gibt es weitere Privilegierungen, die weiter unten dargestellt werden.

Es ist somit auch nach der Erbschafts- und Schenkungssteuerreform noch immer der Wille des Gesetzgebers zu erkennen, Immobilieninvestoren etwas Gutes zu tun

---

[16] Siehe § 13c ErbStG neuer Fassung

und den Erwerb von Immobilien erbschafts- und schenkungssteuerrechtlich attraktiv auszugestalten. Die in Kraft getretene Reform bedeutet also im Ergebnis keineswegs, dass Immobilien steuerrechtlich gegenüber anderen Geldanlagen nunmehr benachteiligt wären. Sie sind lediglich hinsichtlich der Bewertung für die Heranziehung zur Erbschafts- und Schenkungssteuer stark angenähert worden und profitieren nicht mehr ganz so stark wie zuvor von einer günstigen Bewertung.

b) Freibeträge und Steuersätze

Neben der oben dargestellten durchgreifenden Änderung der Bewertungsansätze von Immobilienvermögen sind bei der Reform des Erbschafts- und Schenkungssteuerrechtes auch die Steuersätze und die persönlichen Freibeträge verändert worden.

	Verwandt-schaftsgrad	Freibetrag (neu)	Freibetrag (alt)	Differenz
Steu-erklas klas-se I	Ehepartner	500.000€	307.000€	+193.000€
	Eingetragene Le-benspartner[17]	500.000€	5.200€	+494.800€
	Kinder	400.000€	205.000€	+195.000€
	Enkel und Uren-kel	200.000€	51.200€	+148.800€
	Eltern, Großeltern	100.000€	51.200€	+48.800€
Steu-erklas klas-se II	Geschwister, Nichten, Neffen, Schwiegerkinder, Schwiegereltern, Geschiedener Ehepartner	20.000€	10.300€	+9.700€
Steu-erklas klas-se III	Sonstige	20.000€	5.200€	+14.800€

Jeder Steuerpflichtige kann innerhalb von 10 Jahren einen persönlichen Freibetrag für eine Erbschaft oder eine Schenkung in Anspruch nehmen. Die Höhe des Freibetrages hängt vom Verwandtschaftsgrad des Erben oder Beschenkten zu dem Erblasser oder Schenker ab. Daraus ergibt sich eine Einteilung der Begünstigten in insgesamt 3 Steuerklassen. Die nachfolgende Tabelle weist die Freibe-

---

[17] Nach der zum 1.1.2009 in Kraft getretenen Fassung waren Lebenspartner noch in die Steuerklasse III einsortiert. Durch das Jahressteuergesetz 2010 wurden sie auf Anordnung des Bundesverfassungsgerichtes im Beschluss vom 21.07.2010 (Az 1 BvR 611/07 und 1 BvR 2464/07) schließlich mit Wirkung zum 14.12.2010 mit Ehegatten vollständig gleichgestellt und werden jetzt in der Steuerklasse I geführt.

träge für die jeweiligen Steuerklassen und Verwandt-schaftsgrade aus, wobei zum Vergleich die Freibeträge nach alter und neuer Rechtslage gegenübergestellt sind:

Die Reform des Erbschaftssteuer- und Schenkungs-steuerrechtes hat also nicht nur Nachteile für Immobilien-erwerber auf der Bewertungsebene gebracht, sondern auch Vorteile für Erben und Beschenkte in Form von Erhöhun-gen der persönlichen Freibeträge. Die jeweilige Erhöhung im Vergleich zur alten Rechtslage können Sie der letzten Spalte der vorstehenden Tabelle entnehmen.

Zur Verdeutlichung diene das folgende Beispiel:

Beispiel:

Witwe Gerda Gefällig hinterlässt bei ihrem Tod ihren 2 erwachsenen Kindern (30 und 35 Jahre alt) ein im Privat-vermögen gehaltenes und vermietetes Einfamilienhaus mit 250 m^2 Wohnfläche mit einem Marktwert von € 888.888. Nach Kürzung dieses Wertes auf 90 %, da es sich um eine im Privatvermögen gehaltene Wohnimmobilie handelt, ergibt sich für die Heranziehung zur Erbschafts-steuer nach neuem Recht ein Wert von € 800.000.[18]

Gerda Gefällig hat kein Testament gemacht, so dass die Kinder zu je ½ als gesetzliche Erben in der Steuerklasse I erben. Da jedes der beiden Kinder den persönlichen Frei-betrag in Höhe von € 400.000 in Anspruch nehmen kann, erben beide Kinder nach der neuen Rechtslage erbschafts-steuerfrei.

Nach der alten Rechtslage konnten beide Kinder von der Erbschaft in Höhe von € 400.000 lediglich € 205.000

---

[18] Ich verweise dazu auf § 13c ErbStG.

steuerfrei erben und mussten auf die überschüssigen €
195.000 Erbschaftssteuer in Höhe von jeweils € 21.450 zahlen.

Damit würde durch die Erbschaftssteuerreform für diesen Fall im Vergleich zur alten Rechtslage rechnerisch eine
Entlastung in Höhe von 2 x € 21.450, d.h. von insgesamt €
42.900 eintreten. Die geringere Bewertung von Immobilienvermögen nach altem Recht ist dabei natürlich außer
Betracht gelassen.

Die Steuersätze für die Erbschafts- und Schenkungssteuer sind durch die Steuerreform zum 1.1.2009 in den
Steuerklassen II und III angehoben worden, wie die nachfolgende Tabelle ausweist:

Steuersatz-stufen	Steuerklasse I		Steuerklasse II		Steuerklasse III	
	Steuersatz (neu)	Steuersatz (alt)	Steuersatz (neu)	Steuersatz (alt)	Steuersatz (neu)	Steuersatz (alt)
alt: bis € 52.000 neu: bis € 75.000	7%	7%	15%	12%	30%	17%
alt: bis € 256.000 neu: bis € 300.000	11%	11%	20%	17%	30%	23%
alt: bis € 512.000 neu: bis € 600.000	15%	15%	25%	22%	30%	29%
alt: bis € 5.113.000 neu: bis € 6.000.000	19%	19%	30%	27%	30%	35%
alt: bis € 12.783.000 neu: bis € 13.000.000	23%	23%	35%	32%	50%	41%
alt: bis € 25.565.000 neu: bis € 26.000.000	27%	27%	40%	37%	50%	47%
Darüber	30%	30%	43%	40%	50%	50%

Da die Steuersätze jedoch nur auf das Vermögen zur Anwendung kommen, welches die (massiv erhöhten) persönlichen Freibeträge überschreitet, dürfte sich die Anhebung der Steuersätze nur für die Vererbung bzw. Schenkung größerer Vermögen auswirken.

Darüber hinaus fällt auf, dass eine Erhöhung der Steuersätze nur für die Steuerklassen II und III erfolgt ist. In der Steuerklasse I sind die Steuersätze gleich geblieben und nicht angehoben worden. Da die meisten Erben und Beschenkten der Steuerklasse I angehören, wirken sich die Erhöhungen der Steuersätze in den Steuerklassen II und III daher praktisch nur selten aus. Denn im Normalfall sind Ehepartner, Lebenspartner und Kinder die Erben und Beschenkten, also sämtlich Personen in der Steuerklasse I.

Wie das obige Beispiel zeigt, dürfte sich die Steuerreform trotz Anhebung der Steuersätze insgesamt für die breite Masse der Immobilieninvestoren eher entlastend als belastend auswirken. Daher bleiben Immobilien auch im Hinblick auf die Erbschafts- und Schenkungssteuer weiterhin attraktiv in Deutschland.

3. GRUNDERWERBSTEUER

Die Grunderwerbsteuer ist im **Grunderwerbsteuergesetz (GrEStG)** geregelt. Sie fällt grundsätzlich bei jeder Übertragung eines Grundstückes an. Ausnahmen gelten z.B. für die Übertragung von Grundstücken unter Ehegatten oder Lebenspartnern.[19]

a) Entstehung der Steuer

Für die Fälligkeit der Steuer reicht bereits der Abschluss eines notariellen Grundstückskaufvertrages aus obwohl der Eigentumsübergang damit noch nicht bewirkt ist.[20] Wie wir oben gesehen haben, erfolgt der Übergang

---

[19] Siehe § 3 GrEStG.
[20] Siehe § 1 Abs. 1 GrEStG.

des Eigentums erst später mit der Eintragung des Käufers im Grundbuch. Werden Anteile an einer Gesellschaft übertragen, die Grundstücke hält, so wird die Anteilsübertragung dann grunderwerbssteuerpflichtig, wenn mindestens 95% der Anteile übertragen werden.

Die Grunderwerbsteuer fällt in Höhe des Steuersatzes auf die Gegenleistung für die Grundstücksübertragung an. Die Gegenleistung ist dabei der Kaufpreis für das Grundstück. Bei Verkauf eines bebauten Grundstückes gehört dazu auch der Anteil des Kaufpreises, der auf das Gebäude entfällt, da dieses eine rechtliche Einheit mit dem Grundstück bildet. Teile des Kaufpreises, die auf mitverkauftes Mobiliar entfallen, sind hingegen nicht grunderwerbsteuerpflichtig. Aus diesem Grunde ist es empfehlenswert, im notariellen Kaufvertrag einen angemessenen Teil des Kaufpreises auf mitverkauftes Mobiliar (z.B. Küche) zuzuteilen, weil das die Bemessungsgrundlage der Grunderwerbssteuer mindert und damit Steuern spart.

b) Steuersätze

Mit Wirkung zum 01.01.2006 ist hinsichtlich des Grunderwerbsteuersatzes eine wichtige Änderung in Kraft getreten. Seitdem haben die Bundesländer die Kompetenz erhalten, den für das Land gültigen Grunderwerbsteuersatz festzulegen.[21] Die folgende Tabelle weist aus, welche Bundesländer welche Steuersätze festgelegt haben:

---

[21] Siehe Art. 105 Abs. 2a GG.

Grunderwerbsteuersätze in den Bundesländern		
	gültig seit	**Steuersatz**
Bayern	1998	3,5%
Berlin	01.01.2014	6,0%
Baden-Württemberg	05.11.2011	5,0%
Brandenburg	01.01.2011	5,0%
Bremen	01.01.2014	5,0%
Hamburg	01.01.2009	4,5%
Hessen	01.08.2014	6,0%
Mecklenburg-Vorpommern	01.07.2012	5,0%
Niedersachsen	01.01.2014	5,0%
Nordrhein-Westfalen	01.01.2015	6,5%
Rheinland-Pfalz	01.03.2012	5,0%
Saarland	01.01.2015	6,5%
Sachsen	1998	3,5%
Sachsen-Anhalt	01.01.2014	6,5%
Schleswig-Holstein	01.01.2014	6,5%
Thüringen	07.04.2011	5,0%

c) Schuldner der Steuer

Nach dem Gesetz sind sowohl der Käufer als auch der Verkäufer Schuldner der Grunderwerbsteuer.[22] Da nach dem Willen der Vertragsparteien der Käufer die Grunder-

---

[22] Siehe § 13 GrEStG.

werbsteuer tragen soll, ist es empfehlenswert, diese Vereinbarung auch im Kaufvertrag festzuhalten. Das Finanzamt wendet sich zwar ohnehin in der Praxis zunächst an den Erwerber mit dem Erlass eines Grunderwerbsteuerbescheides. Da der Käufer jedoch nur dann als neuer Eigentümer im Grundbuch eingetragen wird, wenn die Grunderwerbsteuer gezahlt worden ist, wird er seiner Verpflichtung in aller Regel nachkommen, ohne dass der Verkäufer je etwas vom Finanzamt hört.

Probleme können dann auftreten, wenn der Vollzug des Kaufvertrages scheitert. Insoweit kann eine ausdrückliche Regelung im Kaufvertrag hilfreich sein, dass im Verhältnis der Vertragsparteien zueinander nur der Käufer zur Zahlung der Grunderwerbssteuer verpflichtet ist, um Problemen in einem solchen Fall vorzubeugen.

d) Steuerfalle Instandhaltungsrücklage

Viele Erwerber von gebrauchten Eigentumswohnungen zahlen zu viel Grunderwerbssteuer. Wie kommt es dazu? Hintergrund ist, dass in der Praxis der Notare bei der Beurkundung von Kaufverträgen häufig übersehen wird, die Höhe der Instandhaltungsrücklage zu berücksichtigen, die vom Verkäufer auf den Erwerber übergeht. Diese fällt nämlich nicht in die Bemessungsgrundlage der Grunderwerbssteuer und ist daher vom Kaufpreis abzuziehen. Unterbleibt die Ermittlung der Höhe der Instandhaltungsrücklage und die Aufnahme des Betrages in den notariellen Kaufvertrag, setzt das Finanzamt auf diesen Betrag Grunderwerbssteuer fest. Damit zahlen die Käufer (je nach Höhe des Grunderwerbssteuersatzes) zwischen 3,5% und 6,5% Grunderwerbssteuer auf die Instandhaltungsrücklage. Bei größeren Instandhaltungsrücklagen sind das durchaus beachtliche Beträge an vermeidbaren Steuern.

Was genau ist die Instandhaltungsrücklage einer Eigentumswohnung und wie erfährt man als Käufer die Höhe derselben? Dabei handelt es sich um eine vom Verwalter einer Eigentümergemeinschaft angesparte Rücklage für künftige Instandhaltungsmaßnahmen des Gemeinschaftseigentums, die aus monatlichen Zahlungen der Eigentümer mit dem Hausgeld gespeist wird. Wenn Sie eine Eigentumswohnung kaufen, dann erwerben Sie automatisch auch den auf den Voreigentümer entfallenden Anteil an dieser Instandhaltungsrücklage

Die Höhe der Instandhaltungsrücklage können Sie aus dem letzten Wirtschaftsplan des Verwalters ersehen. Bestehen Sie als Erwerber einer Eigentumswohnung darauf, dass dieser Betrag im Text des notariellen Kaufvertrages als separater Posten ausgewiesen wird. Dann wird dieser Teil nicht der Grunderwerbssteuer unterworfen. Wie Sie sehen, können Sie durch Aufbau von Fachwissen jede Menge Geld sparen.

e) Steuerfalle Bauträgerimmobilie

Es gibt zahlreiche Angebote am Immobilienmarkt, Grundstücke in Kombination mit Bauleistungen zu kaufen. Das kommt insbesondere beim Verkauf von noch zu errichtenden Eigentumswohnungen, aber auch bei Doppelhaushälften oder Einfamilienhäusern vor. Das nennen die Juristen Bauträgervertrag. Problematisch bei dieser Konstruktion ist, dass sie die Bauleistungen grunderwerbssteuerpflichtig macht und damit die Baukosten um bis zu 6,5% verteuern kann (je nach Bundesland, in dem die Immobilie liegt).

Bei Lichte betrachtet ist der Bauträgervertrag kein reiner Kaufvertrag, sondern ein gemischter Vertrag, der sowohl Kaufvertragsbestandteile als auch Werkvertragsbestandteile beinhaltet. Werden Grundstück und Bauleistungen als Paket aus einer Hand in einem Vertrag gekauft, macht das die Bauleistungen grunderwerbssteuerpflichtig. Eine Ausnahme gilt nur dann, wenn Grundstückskauf und Einkauf der Bauleistungen voneinander getrennt sind. Wenn Sie z.B. zunächst das Grundstück von Person A kaufen und 8 Monate später die Bauleistungen von Person B, dann ist nur der Grundstückskauf von A grunderwerbssteuerpflichtig. Die von B eingekauften Bauleistungen sind dann nicht grunderwerbssteuerpflichtig. Eine solche Vorgehensweise kann viel Geld sparen. Bei einer Immobilie, die z.B. in Nordrhein-Westfalen liegt, immerhin 6,5% des Preises für die Bauleistungen. Bauträgerverträge sind daher bei Lichte betrachtet suboptimale Konstruktionen.

Es ist vorzugswürdig, das Grundstück und die Bauleistungen **nicht** aus einer Hand zu kaufen. Beim Kauf einer Eigentumswohnung in einem größeren Mietshaus ist das natürlich kaum praktizierbar. Bei einer Doppelhaushälfte oder einem Einfamilienhaus hingegen schon.

Darüber hinaus gibt es weitere Argumente, die gegen den Abschluss eines Bauträgervertrages für Doppelhaushälften oder Einfamilienhäuser sprechen: Bauträger nutzen häufig die Attraktivität eines Grundstückes aus, um den Vertragspartnern überdurchschnittlich hohe Preise für die Bauleistungen zu berechnen. Verbreitet ist die Praxis, dass der Bauträger zunächst eine abtretbar ausgestaltete

Kaufoption mit dem Eigentümer eines attraktiven Grundstückes schließt und dann das Grundstück als Paket mit den Bauleistungen vermarktet. Die meisten Käufer wissen gar nicht, dass diese Konstruktion darüber hinaus noch Grunderwerbssteuer auf die Bauleistungen nach sich zieht. Insbesondere dient die Praxis der Bauträger ja häufig nur dazu, den Grundstückskäufer zwingen zu können, die Bauleistungen bei ihm einzukaufen und bei niemand anderem. Würde der Bauträger hingegen den Erwerb des Grundstückes lediglich vermitteln und nicht in Form der Abtretung einer Kaufoption zum Bestandteil eines Paketes aus Grundstückskauf und Bauleistungen machen, wäre die Gefahr deutlich reduziert, dass das Finanzamt Grunderwerbssteuer auch auf die Bauleistungen festsetzt. Bei Lichte betrachtet sind diese Gestaltungen daher einseitig zu Gunsten des Bauträgers gestaltet und für den Erwerber eher nachteilig.

4. GRUNDSTEUERN

Die Grundsteuer fällt auf alle Grundstücke an. Sie wird von der Gemeinde festgesetzt, in der das Grundstück liegt. Bemessungsgrundlage für die Grundsteuer ist der festgestellte Wert des Grundstückes nach dem Bewertungsgesetz und der von der Gemeinde festgelegte Grundsteuerhebesatz. Dieser kann abhängig von der Lage des Grundstückes sehr unterschiedlich sein, da er von der Gemeinde autonom festgelegt wird. Auf die Grundsteuer werden quartalsweise Vorauszahlungen erhoben. Da Sie als Vermieter einer Immobilie die Grundsteuern über die Nebenkostenabrechnung auf die Mieter umlegen können, ist diese Kostenposition für Sie ein durchlaufender Posten, der Sie nicht weiter zu interessieren braucht. Sie müssen als Investor lediglich sicherstellen, dass die festgesetzten Steuern pünktlich gezahlt werden und als umzulegende Betriebskosten der Immobilie Eingang in die Nebenkostenabrechnung finden.

5. KAUF & VERWALTUNG VON IMMOBILIEN DURCH EINE GMBH

Ich werde von Lesern immer wieder gefragt, ob es sinnvoll ist, für die Tätigkeit als Immobilieninvestor eine GmbH zu gründen, die die Immobilien kauft und bewirtschaftet. Für die Entscheidung sollte man sich zunächst einmal klar machen, welche Auswirkungen Kapitalanlagen in Immobilien über eine GmbH haben:

Da ist zunächst ein erheblich größerer administrativer Aufwand zu nennen. Für eine GmbH muss zwingend ein Jahresabschluss gemacht werden. Das heißt, dass Sie jährlich für die GmbH eine Bilanz und eine Gewinn- und Verlustrechnung erstellen und in elektronischer Form an das Finanzamt übermitteln müssen. Das ist deutlich aufwendiger als die Erstellung einer Einnahmenüberschussrechnung und die Ausfüllung der Anlage V bei der Einkommensteuererklärung. Für die Bilanzierung werden Sie in der Regel die Hilfe eines Steuerberaters benötigen. Eine Einnahmenüberschussrechnung können Sie hingegen relativ einfach selbst erstellen. Damit haben Sie jährlich einen zusätzlichen Kostenblock in Höhe von Steuerberatungskosten, die durchaus einige Tausend Euro betragen können.

Darüber hinaus gibt es gravierende steuerrechtliche Auswirkungen. Die durch die GmbH gekauften und gehaltenen Immobilien sind zwingend gewerbliches Betriebsvermögen und keine private Vermögensverwaltung. Damit sind die Erträge gewerbesteuerinfiziert. Viel schlimmer ist aber, dass die Steuerfreiheit von Veräußerungsgewinnen auch dann entfällt, wenn die Immobilie mindestens 10 Jahre gehalten werden ist. Das ist wirklich ein gravierender Nachteil, der gerade bei Kapitalanlagen in Immobilien sehr unangenehm ist, weil er ein wesentliches Steuerprivileg zu Nichte macht. Auf Ebene der GmbH fallen keine Einkommensteuern an, sondern Körperschaftssteuern und Gewerbesteuern. Diese ergeben eine Steuerbelastung von konstant ca. 30% ab dem ersten Euro Gewinn.

Dem stehen lediglich zwei Vorteile der GmbH gegenüber: Zum ersten haben Sie eine Haftungsbegrenzung auf das Vermögen der GmbH und müssen nicht zusätzlich mit Ihrem Privatvermögen für Verbindlichkeiten der GmbH haften. Allerdings ist diese Haftungsbegrenzung eher theoretischer Natur. Denn die wesentlichen Verbindlichkeiten der GmbH werden aus Darlehen mit Banken bestehen. Banken bestehen aber bei Ausreichung eines Darlehens an eine kleine oder mittelgroße GmbH einer Privatperson in aller Regel darauf, dass der Gesellschafter und Geschäftsführer einen Schuldbeitritt zu den Darlehensverbindlichkeiten erklärt oder eine Bürgschaft für die Darlehen der GmbH übernimmt. Damit ist der vermeintliche Vorteil der Haftungsbegrenzung hinfällig, weil Sie dann über den Schuldbeitritt bzw. die Bürgschaft mit Ihrem persönlichen Vermögen für die Schulden der GmbH mithaften.

Also bleibt nur noch der Vorteil, dass die Besteuerung der Einkünfte aus Vermietung und Verpachtung auf Ebene der GmbH auf eine Flatrate von ca. 30% (15% Körperschaftsteuer und ca. 15% Gewerbesteuer) gedeckelt ist. Wenn Sie mit Ihrem sonstigen Einkommen nahe am Spitzensteuersatz von 42% zzgl. Solidaritätszuschlag (= Spitzensteuersatz erste Stufe) bzw. 45% zzgl. Solidaritätszuschlag (= Spitzensteuersatz zweiter Stufe) liegen, dann mag dieser Vorteil noch signifikant sein. Wenn das jedoch nicht der Fall ist, dann bleibt unter dem Strich nicht viel übrig an Vorteilen. Insbesondere müssen Sie berücksichtigen, dass Sie über den Bezug einer Geschäftsführervergütung wieder der Einkommensteuer unterliegen und damit bei entsprechend hohen sonstigen Einkünften die so über die Vergütung „entnommenen" Erträge wieder mit dem hohen persönlichen Einkommensteuersatz versteuern müssen. Bei reinen Gewinnausschüttungen der GmbH an den Gesellschafter ist die steuerliche Belastung sogar noch höher, weil diese auf Ebene der GmbH nicht als Kosten abzugsfähig sind und damit die Belastung mit Körperschafts- und Gewerbesteuer verbleibt und zusätzlich zur Einkommensteuerbelastung auf Ebene des Gesellschafters in Gewicht fällt.

II. WARUM KENNTNISSE IM MIETRECHT HILFREICH SIND

Jeder weiß, dass Wohnimmobilien als Kapitalanlage interessant sind. Das gilt insbesondere in Deutschland, das einen sehr ausgewogenen Markt für Vermietungen ausweist. Denn mehr als die Hälfte der Deutschen wohnen zu Miete. Die Grafik auf der nächsten Seite weist diesen Umstand sehr eindrucksvoll aus.

An diesen Verhältnissen hat sich in den letzten Jahrzehnten kaum etwas geändert. Es gibt auch keine Anzeichen dafür, dass sich in absehbarer Zukunft daran etwas ändern wird. Das ist eine gute Nachricht für alle, die in vermietete Immobilien als Kapitalanlage investieren wollen oder bereits investiert haben. Denn damit sind stabile Rahmenbedingungen für eine nachhaltig lukrative Investition gegeben.

Deutschland ist Miet-Europameister

Anteil der Bevölkerung, der zur Miete wohnt

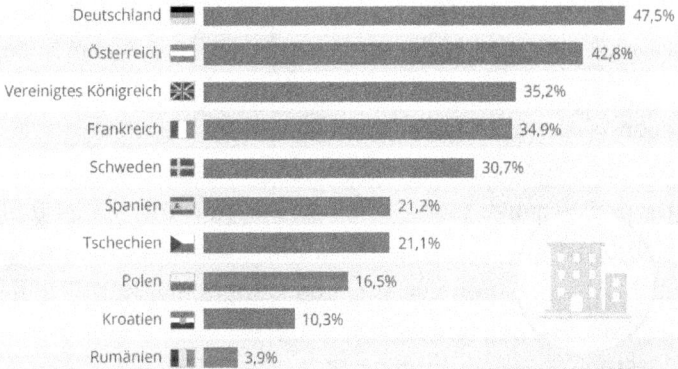

Land	Anteil
Deutschland	47,5%
Österreich	42,8%
Vereinigtes Königreich	35,2%
Frankreich	34,9%
Schweden	30,7%
Spanien	21,2%
Tschechien	21,1%
Polen	16,5%
Kroatien	10,3%
Rumänien	3,9%

Quelle: Eurostat
Stand: 2014
@Statista_com

statista

Quelle: Eurostat (2014): „Deutschland ist Miet-Europameister"
von Andreas Grieß, zitiert nach de.statista.com, URL:
http://de.statista.com/infografik/4088/, Abruf am 19.11.2016,
17:00 Uhr

Wenden wir uns zunächst einer grundsätzlichen Frage zu: Warum überhaupt sollte sich ein Vermieter mit mietrechtlichen Fragen beschäftigen? Eine skeptische Antwort könnte z.B. lauten: "Dafür gibt es doch Rechtsanwälte und außerdem machen Paragraphen und Gesetze sowieso Kopfschmerzen!"

Ich möchte Sie davon überzeugen, dass es gute Gründe gibt, sich ein Grundverständnis des mietrechtlichen Rahmens anzueignen. Als Immobilieninvestor und Vermieter müssen Sie ständig Entscheidungen treffen. Von der Qualität der getroffenen Entscheidungen hängt der wirtschaftliche Erfolg ab. Die anstehenden Entscheidungen werden sowohl durch wirtschaftliche als auch durch rechtliche

Rahmenbedingungen beeinflusst. Niemand würde etwa ernsthaft in Zweifel ziehen, dass Sie als Investor und Vermieter wissen müssen, welche Miete pro m² für eine konkrete Renditeimmobilie angemessen ist. Es ist aber nicht sinnvoll, auf halber Strecke stehen zu bleiben sich nicht auch zu den rechtlichen Aspekten einer Vermietung oder Mieterhöhung eine eigene Meinung zu bilden. Ein Investor und Vermieter, der rechtliche Aspekte ausblendet und sich blind in die Hände eines Rechtsanwaltes begibt, ist nicht autark handlungsfähig und kann immer nur die halbe Entscheidung treffen.

Nehmen wir ein Beispiel, um zu verdeutlichen, was ich meine: Sie sind bereits Vermieter eines Mietwohnhauses und möchten wissen, ob es Möglichkeiten gibt, die aktuelle Miete zu erhöhen. Wenn Sie kein Grundverständnis des Mietrechtes haben und nicht wissen, welche rechtlichen Möglichkeiten zur Durchsetzung einer Mieterhöhung es gibt, dann sind Sie gar nicht in der Lage, Ihre Immobilie optimal zu bewirtschaften, weil Sie sich gedanklich im Kreis drehen und keine fokussierten Überlegungen anstellen und vorantreiben können.

Ich weiß sehr genau, wovon ich spreche, weil ich sowohl Jurist als auch erfolgreicher Immobilieninvestor bin. Darüber hinaus habe ich Erfahrung als kaufmännischer Projektleiter in der Immobilienbranche. Es hat unschätzbare Vorteile, wenn man nicht nur mit einem Auge sehen kann, sondern mit beiden. Daher möchte ich Sie ermuntern, sich mit dem Wohnraummietrecht soweit vertraut zu machen, dass Sie sicher und ohne Denkblockaden Entscheidungen vorbereiten und treffen können. Auf diesem

Weg möchte ich Sie mit diesem Ratgeber begleiten und unterstützen.

Das schließt nicht aus, dass Sie z.B. bei der Durchsetzung einer Mieterhöhung auf der Zielgeraden nicht trotzdem einen Rechtsanwalt einschalten, wenn Sie auf Widerstand stoßen. Entscheidend ist jedoch, dass Sie zunächst selbständig Überlegungen anstellen und damit eine Entscheidung treffen können.

Außerdem sind Grundkenntnisse des Mietrechtes die Basis für die Entwicklung und Umsetzung einer effizienten Mieterhöhungsstrategie. Genau darum geht es in diesem Ratgeber. Ich werde Ihnen auf der Grundlage des geltenden Wohnraummietrechtes eine Mieterhöhungsstrategie vorstellen, die vorhandene Spielräume optimal ausschöpft.

III. EINFÜHRUNG INS MIETRECHT & STRATEGIEN FÜR VERMIETER

Die mit den Mietern geschlossenen Mietverträge sind ein sehr wichtiger Punkt für die Renditestrategie. Denn nach dem Mietrecht in Deutschland genießen Mieter von Wohnraum grundsätzlich Kündigungsschutz. Das bedeutet, dass Sie als Investor die Mietverträge in der beim Erwerb geltenden Fassung sehr langfristig als nicht beeinflussbare Konstanten in Ihrer Gleichung haben werden. Das gleiche gilt für Mietverträge, die Sie selbst über frei gewordene Wohnungen abschließen.

Für einen Investor ist es daher sehr wichtig, die Grundzüge des Mietrechtes zu kennen, um sich ein Bild von einem bestehenden Mietvertrag machen zu können. Da es hierbei um fundamentale Weichenstellungen geht, die großen und langfristigen Einfluss auf die erzielbare Rendite haben, ist es unverzichtbar, hier mit Durchblick und Weitblick zu agieren.

Die folgende Darstellung der Grundzüge des Wohnraummietrechtes soll Sie daher soweit informieren, dass Sie sich ein verlässliches Urteil bilden und Entscheidungen sicher treffen können.

1. GRUNDLAGEN DES WOHNRAUMMIETRECHTES

Die Grundlagen des Mietrechtes über Immobilien sind im Bürgerlichen Gesetzbuch (BGB) geregelt.[23]

Das Gesetz enthält zunächst allgemeine Regelungen, die für alle Mietverhältnisse gelten (§§ 535 bis 548 BGB).

Für Wohnraummietverhältnisse gelten zusätzlich zu diesen allgemeinen Vorschriften besondere Regelungen (§§ 549 bis 577a BGB). In diesem Abschnitt sind u.a. die praktisch wichtigen Regelungen zur Mieterhöhung enthalten, die ich Ihnen weiter unten detailliert vorstellen werde.[24]

Schließlich gelten noch allgemeine Regelungen über die Gestaltung von Formularverträgen, unter die auch Mietverträge gefasst werden (§§ 305 bis 310 BGB). Dabei handelt es sich um die berüchtigten AGB-Regelungen[25] Viele Gerichtsurteile zum Mietrecht beziehen sich auf diese Paragraphen und drehen sich um die Frage, ob Pflichten des Vermieters in Musterverträgen wirksam auf den Mieter abgewälzt werden können. Dazu gehört z.B. die Frage, in welchem Umfang Mietern Schönheitsreparaturen oder Schlussrenovierungen auferlegt werden können.[26]

---

[23] Siehe §§ 535 – 580a BGB.

[24] Siehe §§ 557 bis 561 BGB.

[25] AGB = Abkürzung für „Allgemeine Geschäftsbedingungen". Diese Regelungen waren früher in einem eigenen Gesetz enthalten (AGB-Gesetz) und sind mit Wirkung zum 01.01.2002 ohne nennenswerte inhaltliche Änderungen in das BGB überführt worden.

[26] Beispielhaft verweise ich auf meine Pressemitteilung bei Immobilienscout24 zu aktuellen Entscheidungen des Bundesgerichtshofes vom 18.03.2015: https://goo.gl/ImMZGF

Es ist für Sie als Investor kaum möglich, sich über alle Details dieser umfangreichen Rechtsprechung informiert zu halten. Die gute Nachricht ist, dass Sie das auch nicht müssen. Wenn Sie für die Vermietung stets die aktuellen Mustermietverträge von anerkannten Institutionen (z.B. spezialisierten Rechtsanwälten) verwenden, dann können Sie davon ausgehen, dass Fachleute diese Verträge laufend an die Änderung der Rechtsprechung anpassen.

Die meisten Änderungen in der Rechtsprechung drehen sich um untergeordnete Punkte wie Schönheitsreparaturen. Für Sie ist es aber viel wichtiger, die großen und relevanten Weichenstellungen im Blick zu behalten. Dazu gehören insbesondere die verbleibenden Möglichkeiten zu Mieterhöhungen in laufenden Verträgen, auf die ich in diesem Ratgeber ausführlich eingehen werde.

Schwieriger wird es, wenn Sie eine vermietete Renditeimmobilie kaufen, die auf der Grundlage von „selbstgestrickten" Vertragstexten vermietet ist. Sie haben gegen die Mieter leider keinen Anspruch auf Anpassung des Vertragstextes an die neuesten und allgemein gebräuchlichen Vertragsmuster, sondern der Vertrag gilt dann so wie er abgeschlossen wurde unbefristet weiter. Daher müssen Sie vor dem Kauf einer Renditeimmobilie die bestehenden Mietverträge vollständig lesen. Dabei sollten Sie Ihr Augenmerk insbesondere auf den verbleibenden Spielraum für künftige Mieterhöhungen richten. Wie Sie dabei vorgehen müssen, werde ich Ihnen in den folgenden Abschnitten weiter aufschlüsseln.

2. MIETERHÖHUNGSSTRATEGIE

Derzeit kennt das Mietzinsniveau in Deutschland nur eine Richtung. Und die zeigt nach oben. Die auf der nachfolgenden Seite abgedruckte Grafik belegt das eindrucksvoll für einige ausgewählte Großstädte.

Für einen Vermieter ist es höchst ärgerlich, wenn er sieht, wie die Marktmieten nach oben schießen, aber selbst nicht durch Mieterhöhungen mitziehen kann. Das heisst nicht, dass man jährlich die Miete erhöhen kann und sollte. Aber es ist sicherlich keine gute Entscheidung, rasante Mietsteigerungen im Markt länger als 5 Jahre lang zu ignorieren. Damit beschädigen Sie als Vermieter nämlich die Ertragskraft Ihrer Immobilie. Denn steigende Mieten wirken sich natürlich auch auf die Inflation aus.

Interessant ist auch, dass statistische Erhebungen ergeben haben, dass die Mehrheit der Mieter die gestiegenen Mieten nicht als übermäßige Belastung empfindet. Die auf der nachfolgenden Seite abgedruckte Grafik weist diesen Befund eindrucksvoll aus.

Das bedeutet, dass trotz bereits stark gestiegener Mieten noch keine „Schmerzgrenzen" bei der Mehrheit der Mieter erreicht sind, die weitere Mietsteigerungen unmöglich oder über Gebühr konfliktträchtig machen würden. Vielmehr weist die Statistik sogar aus, dass der Anteil der Mieter rückläufig ist, der die Miete als große Belastung empfindet.

Eine weitere Statistik belegt, dass sich Mieter offenbar mehr über hohe Energiekosten ärgern als über eine hohe Nettomiete. Diese weitere Statistik finden Sie auf der übernächsten Seite abgedruckt.

Solche Zahlen sind sehr interessant für die strategische Ausrichtung eines Vermieters. Man kann daraus die Schlussfolgerung ziehen, dass eine Mieterhöhung aufgrund einer Sanierung (mit entsprechender Einsparung von Energiekosten) bei Mietern sogar auf Gegenliebe stoßen kann.[27] Denn erwiesenermaßen ärgern sich Mieter mehr über hohe Energiekosten als über eine hohe Nettomiete.

Beim Kauf der Renditeimmobilie ist es besonders wichtig, ungünstige Regelungen in bestehenden Mietverträgen zu erkennen, die künftige Mieterhöhungen verhindern oder erschweren können. Auch hierfür sind Grundkenntnisse des rechtlichen Rahmens unverzichtbar. Deshalb möchte ich Ihnen zunächst eine Einführung in die praxisrelevanten

---

[27] Ich verweise dazu auf meine Pressemitteilung bei Immobilienscout24 mit dem Titel „Energetische Sanierung von Wohnungen contra Renditestrategie?". Sie finden diese unter folgendem Link: https://goo.gl/yjvEDB

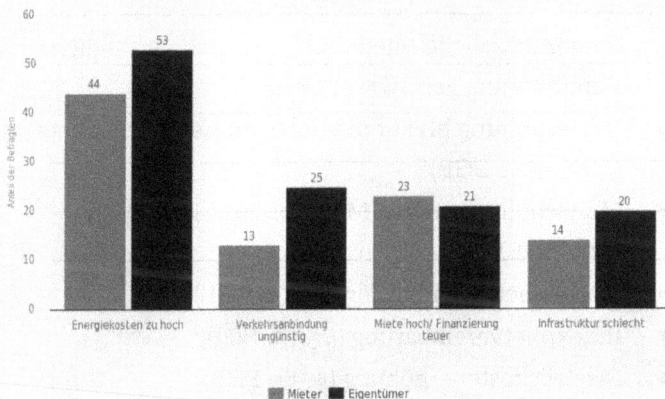

Was stört Sie als Eigentümer oder Mieter besonders? (Deutschland 2012)

Quelle: BHW (2012): „Was stört Sie als Eigentümer oder Mieter besonders?",
zitiert nach de.statista.com, URL:
https://de.statista.com/statistik/daten/studie/226887,
Abruf am 19.11.2016, 17:00 Uhr

Mietrechtsregeln geben und darauf aufbauend eine optimale Mieterhöhungsstrategie vorstellen. Rechtlich sieht es wie folgt aus: Wenn im Mietvertrag eine Erhöhung der Miete nicht ausdrücklich ausgeschlossen wird, dann ist diese nach den gesetzlichen Bestimmungen möglich.[28]

Es gibt eine überschaubare Anzahl von gesetzlichen Regelungen zum Thema Mieterhöhung für Wohnraum im

---

[28] Siehe § 557 Abs. 3 BGB. Ein ausdrücklicher Ausschluss künftiger Mieterhöhungen im Vertragstext ohne zeitliche Begrenzung kommt selten vor, hat aber gravierende Auswirkungen und muss daher unbedingt identifiziert werden.

Bürgerlichen Gesetzbuch (BGB), die den rechtlichen Rahmen abstecken:

- Einvernehmliche Mieterhöhung durch vertragliche Vereinbarung gemäß § 557 BGB
- Mieterhöhung bis zur ortsüblichen Vergleichsmiete (§§ 558 – 558e BGB)
- Mieterhöhung wegen Modernisierungen (§§ 559 – 559b BGB)
- Staffelmietvereinbarung (§ 557a BGB)
- Indexmietvereinbarung (§ 557b BGB)
- Betriebskostenerhöhung (§ 560 BGB)

Die zum 01.04.2015 in Kraft getretene „Mietpreisbremse" hat mit diesen Themen nichts zu tun, weil sie nur den Fall der Neuvermietung regelt, für den sie die Miete auf maximal 10% über der ortsüblichen Vergleichsmiete deckelt.

a) Einvernehmliche Mieterhöhung

Eine einvernehmliche Mieterhöhung in Form einer vertraglichen Vereinbarung mit dem Mieter ist rechtlich im Rahmen der allgemeinen Vertragsfreiheit immer möglich.[29] Sie setzt jedoch voraus, dass Sie den Mieter überzeugen können, einer Mieterhöhung zuzustimmen. Eine einvernehmlich vereinbarte Mieterhöhung hat für Sie als

---

[29] Die Vertragsfreiheit findet ihre Grenze in der Sittenwidrigkeit gemäß § 138 BGB bei Überschreitung der angemessenen Miete um mindestens 100% und im Straftatbestand des Wuchers gemäß § 291 StGB. Darüber hinaus ist eine bußgeldbewehrte Ordnungswidrigkeit gemäß § 5 WiStG gegeben, wenn die übliche Miete um mehr als 20% überschritten wird.

Vermieter den großen Vorteil, dass die Gefahr von Konflikten mit dem Mieter insgesamt klein gehalten werden kann. Außerdem können Sie so rechtliche Unsicherheiten vermeiden, die mit der gerichtlichen Durchsetzung eines Mieterhöhungsverlangens verbunden sind.

Es hat sich bewährt, dem Mieter zunächst die Argumente für eine gesetzlich mögliche Mieterhöhung darzulegen und auf eine einvernehmliche Vereinbarung zu setzen. Damit ist auch keine Doppelarbeit verbunden, weil Sie diese Informationen und Daten ohnehin ermitteln müssen für ein Mieterhöhungsverlangen nach dem Gesetz. Außerdem sehen die gesetzlichen Mieterhöhungsmöglichkeiten als erste Stufe der Durchsetzung ohnehin ein Schreiben an den Mieter vor, mit dem die Mieterhöhung geltend gemacht und begründet wird. Daher lässt sich der Versuch einer einvernehmlichen Regelung mit dem Mieter gut in den „Fahrplan" für eine Mieterhöhung nach dem Gesetz integrieren. Die Einzelheiten werde ich Ihnen in den folgenden Ausführungen weiter erläutern.

b) Mieterhöhung bis zur ortsüblichen Vergleichsmiete

§ 558 BGB räumt dem Vermieter einen Anspruch auf Zustimmung zur Mieterhöhung bis zur ortsüblichen Vergleichsmiete ein. Wenn der Mieter die Zustimmung verweigert, kann er verklagt werden und seine Zustimmung wird dann durch das Gerichtsurteil ersetzt.

Die Mieterhöhung nach dieser Regelung setzt voraus, dass der Vermieter dem Mieter schriftlich die Details der Mieterhöhung und eine Begründung mitteilt und diesen

auffordert, seine Zustimmung zu erteilen.[30] Eine Mieterhöhung kann frühestens für den Beginn des dritten auf
das Mieterhöhungsverlangen folgenden Monats wirksam
werden. Stimmt der Mieter nicht zu, muss der Vermieter
ihn auf Zustimmung verklagen. Dafür gilt eine Frist von
drei Monaten.[31]

Was aber ist nun die „ortsübliche Vergleichsmiete" und
wie findet man deren Höhe heraus? Am einfachsten ist der
Rückgriff auf einen Mietspiegel für die Stadt oder Gemeinde, aus der die marktübliche Miete abgelesen werden
kann für vergleichbaren Wohnraum.[32] Ein Mietspiegel ist
eine Übersicht über die üblichen Mieten in einer Gemeinde, die von Interessenverbänden der Vermieter und der
Mieter gemeinsam erstellt oder anerkannt worden ist.[33] Es
gibt einfache und qualifizierte Mietspiegel. Der qualifizierte Mietspiegel zeichnet sich zusätzlich dadurch aus, dass
er nach wissenschaftlich anerkannten Methoden erstellt
und im Abstand von zwei Jahren aktualisiert wird.[34] Ein
qualifizierter Mietspiegel hat Anwendungsvorrang vor einem einfachen Mietspiegel.

---

[30] Einen Mustertext für ein Mieterhöhungsverlangen gemäß § 558
BGB finden Sie in meinem Buch mit dem Titel „Vermietung &
Mieterhöhung – Wegweiser zu Ihrem Erfolg". Das Buch enthält
zahlreiche Mustertexte und Musterschreiben und einen anwaltsgeprüften Mustermietvertrag, den Sie als Datei per E-Mail anfordern können. Sie finden das Buch auf der folgenden Internetseite:
http://amzn.to/22FlloI
[31] Siehe § 558b Abs. 2 BGB.
[32] Siehe § 558a Abs. 2 BGB.
[33] Siehe § 558c BGB.
[34] Siehe § 558d BGB.

Allerdings handelt es sich bei den Werten des Mietspiegels um Durchschnittswerte. Wenn die konkrete Immobilie von der durchschnittlichen Lage und Ausstattung abweicht, können durchaus Zu- oder Abschläge von den Mietspiegelwerten angezeigt sein. Das muss dann natürlich plausibel begründet werden.

Leider gibt es in diesem Zusammenhang eine schlechte Nachricht für Vermieter: Mietspiegel sind in Deutschland leider **nicht** flächendeckend verfügbar. Es stellt sogar eher die Ausnahme als die Regel dar, dass ein Mietspiegel verfügbar ist.

Wenn es keinen Mietspiegel gibt, dann ist der Maßstab der ortsüblichen Vergleichsmiete anhand von tatsächlichen Vermietungen von vergleichbaren Wohnungen zu ermitteln. Die Vergleichsmieten müssen konkret dargelegt werden. Eine abstrakte Behauptung ohne konkrete Bezeichnung der Vergleichswohnung reicht nicht aus für eine gerichtsfeste Durchsetzung einer Mieterhöhung.

Es ist nicht immer einfach für einen Vermieter, solche Vergleichsmieten gerichtsfest zu ermitteln. Es grenzt mitunter an Detektivarbeit, solche Daten konkret in Erfahrung zu bringen. Es kann hilfreich sein, Hausverwaltungen oder lokal tätige Maklerunternehmen zu kontaktieren. Natürlich können Sie auch andere Eigentümer von Wohnungen im gleichen Haus ansprechen.

Das Gesetz gibt **5 Kriterien für die Vergleichbarkeit** der Wohnungen vor: Art, Lage, Größe, Ausstattung und Beschaffenheit (inkl. energetischer Beschaffenheit). Die Heranziehung von Mieten vergleichbarer Wohnungen aus dem eigenen Bestand ist zwar möglich, darf aber nicht der einzige Vergleichsmaßstab sein.[35] Die Vergleichswohnungen müssen sich in derselben oder einer vergleichbaren Gemeinde befinden.

Eine aktuelle Entscheidung des Bundesgerichtshofes vom 18.11.2015 hat darüber hinaus festgelegt, dass beim Vergleich der Miete auf die tatsächliche Wohnflächengröße abzustellen ist und nicht auf eine davon abweichende Flächenangabe im Mietvertrag.[36] Das gilt nach den Ausführungen des Gerichtes auch für Flächenabweichungen unterhalb von 10% von den Angaben des Mietvertrages. Vor diesem Hintergrund kann man nur empfehlen, vor der Neuvermietung ein Flächenaufmaß durch einen anerkannten Fachmann durchführen zu lassen.[37]

Weitere Voraussetzung für eine Mieterhöhung nach § 558 BGB ist, dass die Miete vor dem Erhöhungsverlangen mindestens 15 Monate lang unverändert geblieben ist. Darüber hinaus darf die Miete nach dieser Regelung in einem Zeitfenster von 3 Jahren um maximal 20% angehoben werden (so genannte Kappungsgrenze).[38]

---

[35] BGH, Urteil v. 03.07.2013, Az VIII ZR 354/12 - abrufbar auf www.bundesgerichtshof.de

[36] BGH Urteil v. 18.11.2015, Az. VIII ZR 266/14 - abrufbar auf www.bundesgerichtshof.de

[37] Ich verweise dazu auf meine Pressemitteilung vom 20.11.2015 – abrufbar unter http://goo.gl/ccD8X5

[38] Bei der Berechnung dieser Kappungsgrenze sind Mieterhöhungen wegen Modernisierungen gemäß § 559 BGB nicht zu berücksichtigen. Aber beachten Sie, dass nach dem Gesetz die Möglichkeit besteht, dass ein Bundesland diese Kappungsgrenze in einem angespannten Markt auf 15% absenkt (siehe § 558 Abs. 3 BGB). Berlin hat z.B. Gebrauch gemacht von dieser Möglichkeit.

Wie Sie sehen, ist eine Mieterhöhung gemäß § 558 BGB bis zur ortsüblichen Vergleichsmiete ein kompliziertes Unterfangen. Das spricht dafür, nicht nur auf die juristische Karte zu setzen, sondern zuvor Gespräche mit dem Mieter zu führen und Überzeugungsarbeit zu leisten. Wie oben ausgeführt, ist eine Mieterhöhung durch vertragliche Vereinbarung im Einvernehmen mit dem Mieter immer möglich. Es hat sich als nützlich erwiesen, zunächst Argumente und Belege für relevante Vergleichsmieten zu sammeln und den Mieter damit zu konfrontieren, um diesen zu überzeugen. Es kann auch geschickt sein, die Mieterhöhung mit einer kleinen Renovierungsmaßnahme zu verbinden, die zwar keine hinreichende Grundlage für eine Mieterhöhung wegen Modernisierung darstellt, aber zumindest für gute Stimmung beim Mieter sorgt. Das könnte z.B. die Streichung des Treppenhauses sein, die Sie ohnehin geplant hatten.

Darüber hinaus können Sie einem Mieter die Mieterhöhung schmackhaft machen, wenn Sie ihm im Gegenzug einen zeitlich befristeten Verzicht für z.B. 3 Jahre für weitere Mieterhöhungen anbieten.[39] Das kostet Sie nichts, wenn Sie ohnehin nicht beabsichtigen, in diesem Zeitraum eine weitere Mieterhöhung zu verlangen und gibt dem Mieter das gute Gefühl, 3 Jahre Ruhe zu bekommen und einen fairen Deal gemacht zu haben.

Abschließend verweise in diesem Zusammenhang auf meine Empfehlung, eine Hausverwaltung zu engagieren. Eine zwischengeschaltete Hausverwaltung kann Sie als Vermieter auch bei Mieterhöhungsverlangen vor einem

---

[39] Siehe § 557 Abs. 3 BGB.

persönlichen Konflikt mit den Mietern schützen. Es ist daher ein geschickter Schachzug, den Mieter nicht selbst mit dem Mieterhöhungsverlangen zu kontaktieren, sondern durch eine Hausverwaltung als Stellvertreter anschreiben zu lassen. Das bedeutet natürlich nicht, dass Sie darauf verzichten, selbst die Weichen zu stellen und am Ruder zu bleiben. Sie sollten den gesamten Vorgang schon selbst steuern und insbesondere die Gestaltung des Inhaltes des Mieterhöhungsschreibens nicht aus der Hand geben. Denn die Wortwahl und der Tenor eines Schreibens können sehr entscheidend für den Erfolg sein. Es hat darüber hinaus psychologische Vorteile, wenn das Mieterhöhungsverlangen von einem möglichst professionell aufgestellten Verwalter als Stellvertreter des Vermieters verschickt wird und nicht vom Vermieter selbst. Erfahrungswerte bestätigen, dass Mieterhöhungsverlangen eines großen und professionellen Hausverwalters von Mietern seltener angezweifelt und bekämpft werden als solche, die der Vermieter selbst verschickt.

c) Mieterhöhung wegen Modernisierungen

Darüber hinaus gibt es gemäß § 559 BGB die Möglichkeit einer Mieterhöhung wegen Modernisierungen. Modernisierungen sind Maßnahmen, die den Wohnwert dauerhaft verbessern oder zu nachhaltigen Einsparungen von Energie oder Wasser führen. Demnach würden z.B. der Anbau eines Balkons oder der Einbau von energiesparenden Fenstern oder der Austausch von Nachtspeicheröfen durch eine moderne Gasetagenheizung zu einer Mieterhöhung berechtigen.

Die Kosten der Modernisierung können dabei gemäß § 559 BGB auf den Mieter abgewälzt werden in Form einer Mieterhöhung von jährlich 11% (bezogen auf die Modernisierungskosten). Dabei ist zu berücksichtigen, dass bei Erneuerung von ohnehin reparaturbedürftigen Bestandteilen der Wohnung nur die Aufwendungen für den Mehrwert der Modernisierung angesetzt werden dürfen. Die Kosten einer Instandsetzung ohne Erhöhung des Wohnwertes sind dabei in Abzug zu bringen und können nicht Grundlage einer Mieterhöhung sein.

Interessanterweise ist diese Mieterhöhung zeitlich **nicht** begrenzt bis zur Vollamortisierung der Modernisierungsmaßnahmen. Sie gilt vielmehr unbefristet und dauerhaft. Damit handelt es sich bei Lichte betrachtet nicht nur um eine Umlegung der Modernisierungskosten auf den Mieter, sondern um eine langfristig wirksame Mieterhöhung. Das ist in der Sache zwar nicht ganz logisch, lässt sich aber damit erklären, dass es sich um eine von der Politik gewollte „Streicheleinheit" für Vermieter handelt.[40]

Ein weiterer Vorteil einer Mieterhöhung wegen Modernisierung besteht darin, dass eine Einwilligung des Mieters in diese Mieterhöhung **nicht** erforderlich ist. Für die Durchsetzung der Mieterhöhung ist aber eine schriftliche Mitteilung an den Mieter zu machen, die bestimmte Anforderungen erfüllen muss. Die Mitteilung muss eine detaillierte Auflistung der kalkulierten Kosten der Moder-

---

[40] Ich verweise dazu auf einen Artikel in der Frankfurter Allgemeine Zeitung vom 26.06.2015 mit dem Titel „Ein Koalitionsvorhaben wird still beerdigt".

nisierungsmaßnahmen enthalten und die sich daraus ergebende Mieterhöhung betragsmäßig ausweisen.[41]

Der Mieter ist zur Duldung der Modernisierungsmaßnahmen verpflichtet, wenn ihm diese mindestens 3 Monate zuvor angekündigt worden sind. In diesem Zusammenhang ist es wichtig, den Mieter bereits mit der Ankündigung von Modernisierungsmaßnahmen vollständig ins Bild zu setzen über die veranschlagten Kosten der Modernisierung und die Absicht, auf die Durchführung der Maßnahme eine Mieterhöhung gemäß § 559 BGB zu stützen.

Übersteigen die tatsächlichen Kosten später die dem Mieter angekündigten Kosten um mehr als 10%, so straft das Gesetz diese Fehleinschätzung des Vermieters mit einer Verschiebung der Mieterhöhungsmöglichkeit um 6 Monate ab.[42] Es ist daher wichtig, die Modernisierungskosten in der Ankündigung gegenüber dem Mieter möglichst exakt und zutreffend zu anzugeben. Wenn Sie mit dem Bauunternehmen bzw. den Handwerkern einen Festpreis für die Arbeiten vereinbaren, dann sind Sie problemlos in der Lage, diese Kosten im Vorfeld im Ankündigungsschreiben an den Mieter exakt anzugeben.[43]

---

[41] Einen Mustertext für ein Mieterhöhungsverlangen gemäß § 559 BGB finden Sie in meinem Buch mit dem Titel „Vermietung & Mieterhöhung – Wegweiser zu Ihrem Erfolg". Das Buch enthält zahlreiche Mustertexte und Musterschreiben und einen anwaltsgeprüften Mustermietvertrag, den Sie als Datei per E-Mail anfordern können. Sie finden das Buch auf der folgenden Internetseite: http://amzn.to/22FlloI

[42] Siehe § 559b Abs. 2 BGB.

[43] Ich verweise dazu auf die Ausführungen in meinem Buch „Geld verdienen mit Wohnimmobilien – Erfolg als privater Im-

Da der Mieter für die Mieterhöhung einen Gegenwert in Form eines erhöhten Wohnwertes bzw. in Form von Energieeinsparungen erhält, ist er unter Umständen sogar dankbar für die Initiative des Vermieters und bereit, die erhöhte Miete anstandslos zu akzeptieren. Zwar ist eine Zustimmung des Mieters – anders als bei einer Erhöhung gemäß § 558 BGB - **nicht** erforderlich. Für den Vermieter ist es aber gleichwohl anstrebenswert, die Maßnahmen gegenüber dem Mieter im richtigen Licht zu präsentieren, um das Verhältnis zu dem Mieter nicht unnötig mit Spannungen zu belasten. Denn eine langfristige Zufriedenheit des Mieters ist auch ein wichtiger Erfolgsfaktor für eine Kapitalanlage in Wohnimmobilien.

Abschließend möchte ich Ihnen noch den Tipp geben, für die Durchführung von energetischen Modernisierungen zinsgünstige Darlehen der KfW aus dem Förderprogramm Nr. 151 in Anspruch zu nehmen, das derzeit einen sagenhaft günstigen Zinssatz von 0,75% bietet.

d) Staffelmietvereinbarung

Alternativ sieht das Gesetz in § 557a und § 557b BGB die Möglichkeit vor, im Mietvertrag selbst bereits Erhöhungen der Miete für die Zukunft zu vereinbaren. Damit sind Staffelmieten und Indexmieten gemeint.

Wenn der Mietvertrag eine Staffelmiete enthält, dann ist eine Erhöhung nur gemäß der Staffelung möglich und

---

mobilieninvestor" (siehe dort S. 144 ff.). Darin erkläre ich ausführlich, was bei Abschluss von Verträgen mit Handwerkern und Bauunternehmen zu beachten ist und welche Preisgestaltungsmöglichkeiten es dabei gibt. Das Buch finden Sie bei Amazon auf der folgenden Seite: http://amzn.to/22FkyNs

nach keiner anderen Regelung. Es ist zwingend erforderlich, dass die Mieterhöhungen für die einzelnen Staffeln im Mietvertrag nicht nur prozentual festgelegt sind, sondern auch in konkreten € - Beträgen ausgewiesen werden. Die Staffeln dürfen nicht kürzer als ein Jahr sein.

Wenn auch nur eine gestaffelte Mieterhöhung nach weniger als einem Jahr vorgesehen ist (sei es auch nur für den ersten Staffelzeitraum), dann hat das die Konsequenz, dass alle Mieterhöhungen für alle Staffelungen unwirksam sind.[44] Wie Sie sehen, gibt es im Wohnraummietrecht böse Stolperfallen für Vermieter. Während der Laufzeit einer Staffelmietvereinbarung sind andere Mieterhöhungen (z.B. wegen Modernisierung gemäß § 559 BGB oder zur Anpassung an die ortübliche Vergleichsmiete gemäß § 558 BGB) ausgeschlossen.

e) Indexmietvereinbarung

Enthält der Mietvertrag eine Indexmiete, dann ist eine Mieterhöhung nur auf der Grundlage des Preissteigerungsindexes für die Lebenshaltung aller privaten Haushalte in Deutschland möglich. Dieser wird jährlich vom Statistischen Bundesamt aktualisiert und veröffentlicht. Eine Anknüpfung an andere Indizes ist nach geltendem Recht unzulässig.

Indexmieten haben den Vorteil, dass sie ohne zeitliche Begrenzung für die Zukunft eine stetige Erhöhung der Miete ermöglichen.[45] Darüber hinaus werden sie von Mie-

---

[44] Landgericht Nürnberg-Fürth, Urteil v. 27.06.1997, abgedruckt in Zeitschrift für Mietrecht 1997, S. 648 ff.
[45] Der derzeit nicht auszuschließende Fall, dass wir nicht nur kurzfristig eine Deflation bekommen, ist bei diesen Überlegungen

tern bei Vertragsschluss als nicht so nachteilig empfunden wie Staffelmietverträge, in denen zwingend schon zu Beginn die Erhöhungsbeträge für sämtliche Staffeln in € angegeben und in den Vertrag hineingeschrieben werden müssen.

Bei einer Indexmietvereinbarung muss der Erhöhungsbetrag in € erst konkret angegeben werden in der Mitteilung des Vermieters über eine Anpassung an den Index. Eine solche Anpassungsmitteilung des Vermieters ist erforderlich, um die Mieterhöhung tatsächlich zu vollziehen.[46] Die Miete steigt nicht vollautomatisch in Höhe des Anstieges des Preisindexes. Das ist ein wesentlicher Unterschied der Indexmiete zur Staffelmiete.

Die Vereinbarung einer Indexmiete hat aber auch Nachteile: Sie schließt andere Mieterhöhungen (z.B. gemäß § 558 oder nach § 559 BGB) langfristig weitgehend aus. Das ist ein durchaus gewichtiger Nachteil. Darüber hinaus ist eine Indexmiete dann nachteilig, wenn die ortsüblichen Vergleichsmieten deutlich stärker steigen als der Preissteigerungsindex des Statistischen Bundesamtes. Das war insbesondere in Metropolen und Großstädten in den letzten

---

nicht berücksichtigt. Es wäre ein abendfüllendes Thema, die Thematik weiter aufzubohren. Das würde jedoch den Rahmen dieser Darstellung sprengen.

[46] Einen Mustertext für ein Mieterhöhungsverlangen bei der Indexmiete finden Sie in meinem Buch mit dem Titel „Vermietung & Mieterhöhung – Wegweiser zu Ihrem Erfolg". Das Buch enthält zahlreiche Mustertexte und Musterschreiben und einen anwaltsgeprüften Mustermietvertrag, den Sie als Datei per E-Mail anfordern können. Sie finden das Buch auf der folgenden Internetseite: http://amzn.to/22FlloI

Jahren der Fall. Sie müssen als Vermieter daher gut abwägen, ob Sie eine Indexmiete vereinbaren wollen.

f) Nebenkostenvorauszahlung

Die Erhöhung der Nebenkostenvorauszahlungen des Mieters gemäß § 560 BGB ist eigentlich kein großes Thema. Denn bei diesen Kosten handelt es insgesamt nur um durchgereichte Kosten, die keine Bedeutung für die Mietrendite habe.

Allenfalls spielt hierbei das Insolvenzrisiko des Mieters eine Rolle. Insofern ist es nicht falsch, die pauschalen Vorauszahlungen des Mieters zu erhöhen, wenn Abrechnungen in der Vergangenheit Nachzahlungsverpflichtungen des Mieters ergeben haben.

Als kluger Vermieter arbeiten Sie natürlich nicht mit Betriebskostenpauschalen, sondern Sie legen die tatsächlich entstandenen Betriebskosten (die natürlich jedes Jahr anders sind) nach einem im Mietvertrag festgelegten Verteilungsschlüssel auf die Mieter um. Wenn nun die Betriebskosten steigen (z.B. wegen erhöhter Grundsteuern oder erhöhter Abwassergebühren), dann ergibt sich daraus eine Nachzahlungspflicht des Mieters nach Verrechnung mit den Nebenkostenvorauszahlungen.

Für die Zukunft können Sie darauf reagieren mit einer Erhöhung der Nebenkostenvorauszahlungen, die der Mieter monatlich mit der Miete zu zahlen hat.[47] Dazu sind Sie gemäß § 560 Abs. 4 BGB berechtigt.

---

[47] Einen Mustertext für die Erhöhung der monatlichen Betriebskostenvorauszahlungen finden Sie in meinem Buch mit dem Titel „Vermietung & Mieterhöhung – Wegweiser zu Ihrem Erfolg". Das Buch enthält zahlreiche Mustertexte und Musterschreiben und

3. Ist die „Mietpreisbremse" ein Problem?

Die so genannte Mietpreisbremse ist zum 01.04.2015 in Kraft getreten. Vor diesem Hintergrund möchte ich Sie darüber informieren, was die Regelung beinhaltet und welche Relevanz dieses Thema für einen Vermieter hat.

Die Neuregelung sieht eine Deckelung von Mieterhöhungen **bei Neuvermietung** von Wohnraum vor und soll nach dem erklärten Willen der politischen Akteure verhindern, dass die Wohnraummieten in hochpreisigen Ballungszentren in den Himmel steigen.

Eine Wohnung darf nach Inkrafttreten der Regelung fortan nur noch höchstens 10% teurer neu vermietet werden als eine vergleichbare Wohnung derselben Größe und Lage. Vergleichsmaßstab sind dabei der örtliche Mietspiegel oder vergleichbare statistische Erhebungen zu Mietpreisen vor Ort. Eine genaue Festlegung der relevanten Vergleichsmieten enthält das Gesetz jedoch nicht. Das dürfte in der Praxis zu erheblichen Schwierigkeiten bei der Anwendung führen.

Die „Mietpreisbremse" ist nicht flächendeckend in ganz Deutschland in Kraft, sondern nur in solchen Regionen, die von den Bundesländern in einer Rechtsverordnung als „angespannte Wohnungsmärkte" ausgewiesen werden. Welches Bundesland für welche Region von dieser Möglichkeit Gebrauch machen wird, bleibt abzuwarten. Eine

---

einen anwaltsgeprüften Mustermietvertrag, den Sie als Datei per E-Mail anfordern können. Sie finden das Buch auf der folgenden Internetseite: http://amzn.to/22FlloI

Verpflichtung der Bundesländer zur Ausweisung solcher Gebiete besteht nicht.

Das Gesetz enthält 2 Ausnahmen von der Mietpreisbremse: Wohnungen, die nach dem 01.10.2014 neu gebaut oder umfassend saniert und danach erstmals neu vermietet werden, sind von der Mietpreisbremse ausgenommen. Eine umfassende Sanierung in diesem Sinne liegt aber nur dann vor, der Vermieter für die Umbauarbeiten mindestens ein Drittel der Kosten investiert, die ihn ein kompletter Neubau gekostet hätte.

Die Mietpreisbremse ist bei typischen Renditeimmobilien im Fokus von Investoren kein so großes Thema. Denn mit hoher Wahrscheinlichkeit werden die Bundesländer nur Metropolregionen als angespannte Wohnungsmärkte ausweisen.

Mietpreisbremse ohne große Wirkung

Anteil der Fälle, bei denen die Mietpreis-Obergrenze überschritten wird*

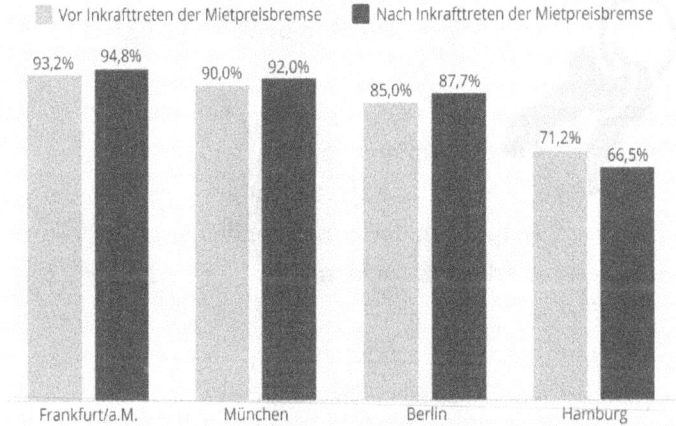

Vor Inkrafttreten der Mietpreisbremse   Nach Inkrafttreten der Mietpreisbremse

	Frankfurt/a.M.	München	Berlin	Hamburg
Vor	93,2%	90,0%	85,0%	71,2%
Nach	94,8%	92,0%	87,7%	66,5%

(cc) (i) (=)   * mittlerer Mietspiegelwert
@statista.com   Quelle: Deutscher Mieterbund

statista

Quelle: Deutscher Mieterbund (2016): „Mietpreisbremse ohne große Wirkung" von Mathias Brandt, zitiert nach de.statista.com, URL: https://de.statista.com/infografik/5796, Abruf am 25.10.2016, 17:00 Uhr

Darüber hinaus sind typische Renditeimmobilien (gebrauchte Immobilien in mittleren Wohnlagen) auch deshalb eher weniger von der Mietpreisbremse betroffen, weil Neuvermietungen in diesem Marktsegment zu mehr als 10% oberhalb der ortsüblichen Vergleichsmiete kaum durchsetzbar sein dürften.

Tatsächlich hat sich gezeigt, dass die Mietpreisbremse für den Markt keine Auswirkungen nach sich gezogen hat. Ich verweise insoweit auf die auf dieser Seite abgedruckte Grafik, die das eindrucksvoll belegt.

4. STRATEGIEN FÜR DIE RICHTIGE MIETERAUSWAHL

Vor dem Hintergrund des am 01.06.2015 in Kraft getretenen „Bestellerprinzips" für Maklerleistungen bei der Vermietung von Wohnraum gibt es einen weiteren guten Grund für einen Vermieter, die Mieterauswahl selbst in die Hand zu nehmen und diese nicht auf einen Makler zu übertragen. Denn nach der nun geltenden Rechtslage können die Maklerkosten nicht mehr auf den Mieter abgewälzt werden.

Da kann man als Vermieter in der Regel 2 Monatskaltmieten Provision sparen. Es ist übrigens nicht ausgeschlossen, dass der Makler im Einzelfall sogar eine höhere Provision fordert, weil die Deckelung auf 2 Monatskaltmieten nach dem Wohnungsvermittlungsgesetz nur für den Wohnungssuchenden gilt und nicht für den Vermieter.

Abgesehen von dem Kostenargument gibt es weitere gute Gründe, die Auswahl von Mietern selbst vorzunehmen: Da Sie als Vermieter am Ende des Tages die Konsequenzen der Auswahl ohnehin allein tragen müssen, werden Sie selbst in jedem Falle motivierter sein als ein Makler, den richtigen Mieter auszuwählen. Die Auswahl eines schlechten Mieters kann nicht nur zu Mietausfällen führen, sondern darüber hinaus zu einem überdurchschnittlichen Verschleiß der Immobilie und am Ende des Tages sogar noch zu erheblichen Rechtsanwalts- und Gerichtskosten, wenn es zu Konflikten kommt.

Wie aber wählt man den richtigen Mieter aus und worauf ist zu achten? Es empfiehlt sich, für die Ermittlung der relevanten Informationen auf ein Formular zurückzugreifen, das der Mietinteressent vor oder bei einem Besichtigungstermin auszufüllen hat (Mieterselbstauskunft).[48]

Zunächst einmal sollte der Mieter natürlich über hinreichende Finanzkraft verfügen, um die Miete aus seinem laufenden Einkommen nachhaltig bestreiten zu können. Sie sollten keine Hemmungen haben, sich Einkommensnachweise (in der Regel Lohn- und Gehaltsabrechnungen) vorlegen zu lassen.

Darüber hinaus kann eine SCHUFA – Auskunft sinnvoll sein, um die Zahlungsmoral des potentiellen Mieters zu überprüfen. Der Einfachheit halber können Sie potentielle Mieter auffordern, eine SCHUFA-Selbstauskunft einzuholen und Ihnen diese vorzulegen. In der SCHUFA-Auskunft wird eine Wahrscheinlichkeit in Form eines Prozentwertes angegeben, dass jemand seine Schulden bezahlt. Je näher der Wert an 100% liegt, desto geringer das Ausfallrisiko.

Allerdings sollten Sie sich nicht blind auf eine SCHUFA – Auskunft verlassen, weil das Datenmaterial der SCHUFA sehr lückenhaft sein kann. Denn es gibt keine Verpflichtung von Gläubigern, Zahlungsausfälle an die SCHUFA zu melden. Das heißt, dass der Umstand, dass in der SCHUFA – Kartei keine „Sünden" vermerkt sind und

---

[48] Ein entsprechendes Muster für eine Mieterselbstauskunft finden Sie in meinem Buch mit dem Titel „Vermietung & Mieterhöhung – Wegweiser zu Ihrem Erfolg". Das Buch enthält zahlreiche Mustertexte und Musterschreiben und einen anwaltsgeprüften Mustermietvertrag, den Sie als Datei per E-Mail anfordern können. Sie finden das Buch auf der folgenden Internetseite: http://amzn.to/22FlloI

ein hoher Bonitätswert ermittelt ist, noch nicht die Schlussfolgerung zulässt, dass die Zahlungsmoral des Mietinteressenten gut ist. Zahlreiche negative Einträge und ein niedriger Bonitätswert hingegen lassen durchaus die Schlussfolgerung zu, dass die Zahlungsmoral schlecht ist. Eine schlechte Zahlungsmoral kann auf fehlender Finanzkraft, aber auch auf charakterlichen Mängeln des Mietinteressenten beruhen. In beiden Fällen ist für einen Vermieter Vorsicht geboten.

Darüber hinaus sollten Sie sich auch ein Bild vom beruflichen und familiären Hintergrund des Interessenten machen. Diese Informationen runden das gesamte Bild ab und lassen mitunter eine Einschätzung darüber zu, mit was für Menschen Sie es zu tun haben. Darüber hinaus lassen möglichst umfassende Informationen über den Mieter mitunter eine Einschätzung darüber zu, ob mit Ruhestörungen im Haus durch den neuen Mieter und mit Konfltikten mit anderen Hausbewohnern zu rechnen ist.

Schließlich hat es sich bewährt, Auskünfte über das vorherige Mietverhältnis einzuholen (Länge des Mietverhältnisses, Mietrückstände, Umstände der Beendigung etc.). Dazu kann es hilfreich sein, sich eine schriftliche Erklärung des ehemaligen Vermieters vorlegen zu lassen, dass es während der Mietzeit keine Zahlungsrückstände gegeben hat. Mindestens aber sollten Sie sich die Kontaktdaten des vorherigen Vermieters geben lassen, um diesen telefonisch kontaktieren zu können. Ein Telefongespräch mit diesem kann eine außerordentlich ergiebige Informationsquelle sein. Es geht schließlich um den Schutz Ihres Eigentums und Ihrer Einnahmequellen. Daher sollten Sie keine Bedenken haben, auch diese Informationsquelle auszuwerten. Wenn der Mietinteressent mauert und keine Informationen geben will, dann ist auch dieser Umstand eine Information, die gegen ihn spricht.

Sowohl bei der Formulierung einer Anzeige in Printmedien oder im Internet als auch beim Besichtigungstermin oder bei Gesprächen sollten Sie sich möglichst bedeckt halten, was die Auswahlkriterien des Mieters angeht. Der rechtliche Hintergrund dieser Empfehlung ist das Allgemeine Gleichbehandlungsgesetz (AGG), das eine Auswahl des Mieters auf der Grundlage von diskriminierenden Kriterien (z.B. Rasse oder ethnische Herkunft) mit Schadensersatzansprüchen des abgelehnten Mietinteressenten gegen den Vermieter sanktioniert. Aus dem gleichen Grund sollten Sie sich auch bei der Begründung von Absagen an Mietinteressenten bedeckt halten und möglichst wenig mitteilen.

IV. RECHTLICHE PROBLEME MIT MIETERN & LÖSUNGEN

Leider läuft es nicht ausnahmslos glatt mit Mietern von Wohnraum. Es gibt zahlreiche Problemherde, die einen Vermieter stressen und den Erfolg der Kapitalanlage in die Immobilie gefährden können. Ich wünsche Ihnen, dass Sie dieses Kapitel möglichst niemals brauchen. Gleichwohl kann es sehr hilfreich sein, sich bereits mit möglichen Problemen im Vorfeld gedanklich auseinander zu setzen, um im Ernstfall besser reagieren und damit größere Probleme vermeiden zu können.

Es kann für einen Vermieter auch psychologisch beruhigend sein, seine Rechte und Pflichten zu kennen und auch die Lösungsmöglichkeiten im Vorfeld bereits gedanklich durchgespielt zu haben. Sie müssen insbesondere einkalkulieren, dass Sie durch ein vertragswidriges Verhalten des Mieters emotional erheblich gestresst werden können und daher die Gefahr besteht, dass Sie falsch reagieren, weil Sie sich schlecht behandelt oder ausgenutzt fühlen. Auch gegen eine solche Gefahr kann Sie profundes Wissen schützen.

1. Mietrückstände

Ein leider sehr häufiges Problem sind Zahlungsrückstände und unpünktliche Zahlungen von Mietern. Sie sind der mit Abstand häufigste Grund für eine außerordentliche Kündigung des Mietvertrages durch den Vermieter. Die auf der nachfolgenden Seite abgedruckte Grafik belegt das eindrucksvoll.

a) Kündigung wegen Zahlungsverzuges

Allerdings rechtfertigt nicht jeder Zahlungsrückstand eine Kündigung wegen Zahlungsverzuges. Voraussetzung ist vielmehr, dass sich der Mieter bei zwei aufeinanderfolgenden Zahlungsterminen in Höhe eines Betrages in Verzug befindet, der insgesamt eine Monatsmiete übersteigt.

Wenn dieser Schwellenwert nicht bei zwei aufeinander folgenden Zahlungsterminen erreicht wird, ist alternativ ausreichend, dass der Zahlungsverzug insgesamt einen Betrag von zwei Monatsmieten erreicht oder übersteigt.[49]

---

[49] Siehe §§ 543 Abs. 2 Nr. 3, 569 BGB.

Welche der folgenden negativen Erfahrungen haben Sie bereits mit Ihren Mietern gemacht?

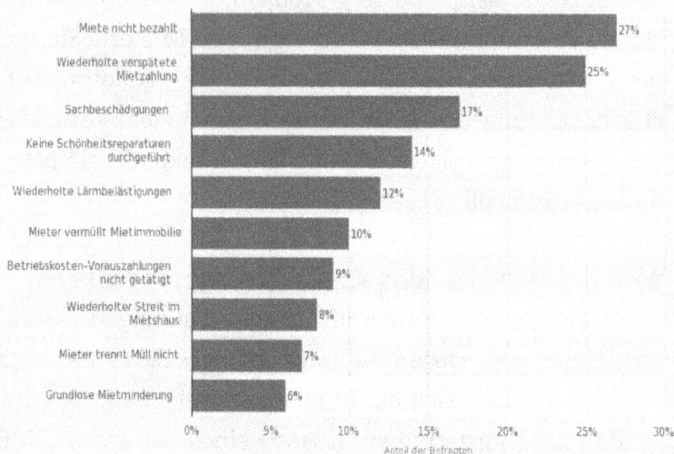

Miete nicht bezahlt	27%
Wiederholte verspätete Mietzahlung	25%
Sachbeschädigungen	17%
Keine Schönheitsreparaturen durchgeführt	14%
Wiederholte Lärmbelästigungen	12%
Mieter vermüllt Mietimmobilie	10%
Betriebskosten-Vorauszahlungen nicht getätigt	9%
Wiederholter Streit im Mietshaus	8%
Mieter trennt Müll nicht	7%
Grundlose Mietminderung	6%

Anteil der Befragten

Quelle:
immobilienscout24
© Statista 2016

Weitere Informationen:
Deutschland, 1.046 Befragte, Vermieter

statista

Quelle: Immobilienscout24 (2016): „Welche der folgenden negativen Erfahrungen haben Sie bereits mit Ihren Mietern gemacht?", zitiert nach de.statista.com, URL: https://de.statista.com/statistik/daten/studie/70839, Abruf am 25.10.2016, 17:00 Uhr

Die Kündigung wegen Zahlungsverzuges bedarf der Schriftform und sie muss die Kündigungsgründe angeben.[50] Das bedeutet, dass der Zahlungsverzug als Kündigungsgrund angegeben und der Gesamtsaldo an Rückständen ausgewiesen werden muss.[51]

---

[50] Siehe § 569 Abs. 4 BGB.
[51] Einen Mustertext für eine Kündigung wegen Zahlungsverzuges finden Sie in meinem Buch mit dem Titel „Vermietung & Mieterhöhung – Wegweiser zu Ihrem Erfolg". Das Buch enthält zahlreiche Mustertexte und Musterschreiben und einen anwaltsgeprüften Mustermietvertrag, den Sie als Datei per E-Mail anfordern

In einigen Fällen der Kündigung sieht das Gesetz eine vorausgehende Abmahnung des Mieters vor Ausspruch einer Kündigung vor. Zwar gehört die Kündigung wegen Zahlungsverzuges nicht dazu.[52] Gleichwohl empfehle ich, zuvor eine Abmahnung zu versenden.[53] Das zeigt dem Mieter, dass seine Zahlungsverzögerung sehr ernste Konsequenzen haben wird und eröffnet die Möglichkeit, ihn zu einem vertragskonformen Verhalten zu bewegen und damit eine weitere Eskalation zu vermeiden.

Bitte beachten Sie, dass das Gesetz eine Möglichkeit des Mieters zur Abwendung der Kündigung wegen Zahlungsverzuges vorsieht, unabhängig davon, ob diese bereits ausgesprochen worden ist oder nicht. Dazu muss er sämtliche Zahlungsrückstände begleichen. Diese Abwendungsmöglichkeit des Mieters endet erst 2 Monate, nachdem der Mieter eine Räumungsklage wegen der Kündigung zugestellt bekommen hat. Sie gilt also nicht unbefristet. Wenn der Vermieter die Kündigung gerechtfertigt auf weitere Gründe stützt wie z.B. Störung des Hausfriedens durch den Mieter oder ständige unpünktliche Zahlung der Miete, besteht diese Abwendungsmöglichkeit nicht.

---

können. Sie finden das Buch auf der folgenden Internetseite: http://amzn.to/22FlloI

[52] Siehe § 543 Abs. 3 Nr. 3 BGB.

[53] Einen Mustertext für eine Abmahnung wegen Zahlungsverzuges finden Sie in meinem Buch mit dem Titel „Vermietung & Mieterhöhung – Wegweiser zu Ihrem Erfolg". Das Buch enthält zahlreiche Mustertexte und Musterschreiben und einen anwaltsgeprüften Mustermietvertrag, den Sie als Datei per E-Mail anfordern können. Sie finden das Buch auf der folgenden Internetseite: http://amzn.to/22FlloI

b) Kündigung wegen wiederholt unpünktlicher Mietzahlung

Eine Kündigungsmöglichkeit besteht auch dann, wenn der Mieter die Miete wiederholt unpünktlich zahlt.[54] In einem solchen Fall sollte mindestens eine Abmahnung vor Ausspruch der Kündigung verschickt werden. Dies ist auch aus rechtlichen Gründen erforderlich, weil der Fall der Kündigung wegen stets unpünklicher Zahlungen etwas anderes ist als der Fall der Küdigung wegen Zahlungsverzuges.[55]

Mit einer Abmahnung sollte der Mieter schon nach **einer** wiederholt unpünktlichen Zahlung aufgefordert werden, sein vertragswidriges Verhalten abzustellen. Die widerspruchslose Duldung von wiederholt unpünktlichen Mietzahlungen ist die schlechteste Wahl. Denn dadurch dokumentiert der Vermieter, dass er die Vertragsverletzung des Mieters toleriert und schwächt damit seine Rechtsposition. Schon mehrfach hat die Rechtsprechung Kündigungen als unwirksam angesehen, in denen der Vermieter zwar ordnungsgemäß abgemahnt hat, jedoch die ständigen unpünktlichen Zahlungen längere Zeit widerspruchslos geduldet hatte. Sie sollten daher nicht davor zurückschrecken, Nägel mit Köpfen zu machen und tatsächlich eine Kündigung aussprechen, wenn der Mieter trotz der Abmahnung weiterhin unpünktlich zahlt. Das schließt nicht aus, dass sie eine ausgeprochene Kündigung

---

[54] Ich verweise auf Bundesgerichtshof, Urteil vom 11.01 2006 (Az VIII ZR 364/04).

[55] Siehe § 543 Abs. 3 BGB sowie Bundesgerichtshof, Urteil vom 11.01 2006 (Az VIII ZR 364/04).

wieder zurücknehmen können. Wenn der Mieter sich ansonsten nichts hat zu Schulden kommen lassen und durch die ausgesprochene Kündigung für die Zukunft hinreichend gewarnt ist, kann das durchaus ein geschicktes Vorgehen sein.

Abschließend stellt sich noch die Frage, ob die Kündigung außerordentlich und fristlos ausgesprochen werden sollte oder ordentlich unter Einhaltung der gesetzlichen Kündigungfrist.[56] Der Unterschied besteht darin, dass eine fristlose Kündigung gemäß § 569 BGB einen wichtigen Grund voraussetzt und eine ordentliche Kündigung gemäß § 573 BGB lediglich ein berechtigtes Interesse des Vermieters. Die Anforderungen an einen wichtigen Grund sind höher als die Anforderungen an ein berechtigtes Interesse.

Ich würde Ihnen empfehlen, beide Kündigungen auszusprechen: Das heisst, dass die Kündigung in erster Linie außerordentlich und fristlos aus wichtigem Grund erklärt wird und hilfsweise zusätzlich als ordentliche Kündigung wegen eines berechtigten Interesses unter Einhaltung der Kündigungsfrist. Wenn das Gericht zu der Einschätzung gelangt, dass der Kündigungsgrund nicht wichtig genug ist für eine fristlose Kündigung, so haben Sie mit der hilfsweise ausgesprochenen ordentlichen Kündigung noch die Chance, die geringeren Anforderungen an ein berechtigtes Interesse des Vermieters zu erfüllen und damit das Gerichtsverfahren zu gewinnen. Der Mustertext in Kapitel IV. (Nr. 8) dieses Buches setzt das entsprechend um.

---

[56] Die gesetzliche Kündigungsfrist ist in § 573c BGB geregelt. Sie beträgt grundsätzlich 3 Monate, verlängert sich aber nach 5 Jahren und nach 8 Jahren Laufzeit des Mietvertrages für den Vermieter um jeweils 3 Monate.

2. MIETMINDERUNG WEGEN MÄNGELN

Der zweithäufigste Konfliktherd zwischen Mietern und Vermietern stellen tatsächliche oder vermeintliche Mängel der Wohnung dar, die vom Mieter zum Anlass für eine Mietminderung genommen werden. Sie sind leider häufig auch die Keimzelle eines erbitterten Konfliktes. Daher ist es ratsam, diesem Thema große Aufmerksamkeit zu widmen.

Für eine berechtigte Minderung der Miete müssen folgende Voraussetzungen erfüllt sein:[57]

- Der Mangel muss erheblich sein.
- Der Mangel darf nicht schuldhaft vom Mieter verursacht worden sein.
- Bei Beginn der Mietzeit vorhandene Mängel: Der Mieter hatte bei Vertragsunterzeichnung entweder keine Kenntnis von dem Mangel oder er hat sich bei Kenntnis des Mangels seine Rechte vorbehalten.
- Bei später entstandenen Mängeln: Der Mieter hat einen nach Einzug entstandenen Mangel unverzüglich dem Vermieter angezeigt.

Ist die Berechtigung zur Mietminderung umstritten, muss der Mieter den Mangel und die rechtzeitige Mangelanzeige beweisen. Bei Vorliegen dieser Voraussetzungen ist die Miete automatisch kraft Gesetzes gemindert, d.h. dass eine Mietminderung weder beantragt noch genehmigt werden muss. Diese gesetzliche Mietminderung ist hinsichtlich des Grundes und hinsichtlich der Höhe zwischen Mieter und Vermieter oft umstritten.

---

[57] Siehe § 536 BGB.

Das Recht zur Minderung der Miete steht dem Mieter auch dann zu, wenn Eigenschaften der Mietwohnung zugesichert worden sind, die tatsächlich nicht bestehen oder später wegfallen. Das kann z.B. bei **Flächengrößenangaben im Mietvertrag** der Fall sein. Allerdings ist hier durch die Rechtsprechung anerkannt, dass nur eine Unterschreitung der angegebenen Fläche um mindestens 10% zu einer Mietminderung berechtigt.[58] Darüber hinaus ist anerkannt, dass eine Flächenabweichung auch nur dann einen Mangel darstellt, wenn die Flächenangabe im Mietvertrag verbindlich ausgestaltet worden ist. Das ist nicht der Fall, wenn die Flächenangabe mit der Einschränkung versehen ist, dass sie nicht zur Festlegung des Mietgegenstandes diene und auch nicht zugesichert wird.[59] Aber beachten Sie unbedingt, dass eine „ca-Angabe" in einem Mietvertrag für sich allein **nicht** ausreicht, um die Angabe einer Fläche im Mietvertrag unverbindlich auszugestalten.[60]

a) Mietminderungstabelle

Zur angemessenen Höhe der prozentualen Minderung im Einzelfall gibt es eine große Anzahl von Gerichtsurteilen, die Anhaltspunkte geben. Weiter unten finden Sie eine Mietminderungstabelle mit der Darstellung der Rechtsprechung zu einzelnen Mietminderungsfällen. In der ersten Spalte ist angegeben, in welcher Höhe von den Gerich-

---

[58] BGH, Urteil v. 10.03.2010 (Az VIII ZR 144/09) – abrufbar auf www.bundesgerichtshof.de
[59] BGH Urteil v. 10.11.2010 (Az VIII ZR 306/09) - abrufbar auf www.bundesgerichtshof.de
[60] BGH, Urteil vom 10.03.2010 (Az VIII ZR 144/09) - abrufbar auf www.bundesgerichtshof.de

ten Mietminderungen zugesprochen worden sind. Bemessungsgrundlage der Minderung ist dabei die Bruttomiete (Mietzins einschließlich aller Nebenkosten).[61] In der zweiten Spalte ist eine schlagwortartige Beschreibung des Mietmangels enthalten. In der dritten Spalte sind die Daten zu den ergangenen Gerichtsentscheidungen enthalten: Gericht, Datum der Entscheidung und in Klammern das Aktenzeichen des Urteils. Wenn in der Tabelle eine Spanne angegebenen ist, die bei 0% beginnt, haben einige Gerichte eine Mietminderung abgelehnt und einige eine solche zugesprochen, die sich auf der Bandbreite der Spanne befindet. Diese Divergenzen hängen zum einen damit zusammen, dass kein Fall wie der andere ist und im Einzelfall eine andere Intensität eines Mangels gegeben sein kann. Ein Beispiel ist Hundegebell im Haus als Lärmbelästigung. Hier hängt es natürlich mit der Häufigkeit und Lautstärke des Gebells zusammen, wie hoch eine Mietminderung ausfallen kann. Zum Zweiten ist zu berücksichtigen, dass Richter einen Beurteilungsspielraum haben. Das erklärt, dass auch in identischen Fallkonstellationen unterschiedliche Mietminderungsquoten zugeprochen werden.

---

[61] BGH, Urteil v. 06.04.2005 (Az XII ZR 225/03) - abrufbar auf www.bundesgerichtshof.de

Min- derung	Mangel	Gerichtsentscheidung
100%	Kompletter Stromausfall	Amtsgericht Neukölln, Urteil vom 20.10.1987 (15 C 23/87)
100%	Unbewohnbar- keit nach Wohnungs- brand	Landgericht Frankfurt am Main, Ur- teil vom 12.09.1995 (2/11 S 147/95)
80 - 100%	Einsatz von Trocknungsge- räten nach Wasserscha- den	Amtsgericht Schöneberg, Urteil vom 10.04.2008 (109 C 256/07) und Landgericht Frankfurt am Main, Ur- teil vom 12.09.1995 (2/11 S 147/95)
70 - 100%	Ausfall der Heizung im Winter	Landgericht Hamburg, Urteil vom 15.05.1975 (7 O 80/74) und Landge- richt Berlin, Urteil vom 20.10.1992 (65 S 70/92) und Landgericht Berlin, Urteil vom 10.01.1992 (64 S 291/91) und Landgericht Berlin, Beschluss vom 18.08.2002 (67 T 70/02) und Amtsgericht Görlitz, Urteil vom 15.05.1997 (3 C 1347/96)
60 - 80%	Massive Be- einträchti- gungen durch Arbeiten zu einem Dachge- schossausbau	Landgericht Hamburg, Urteil vom 11.01.1996 (307 S 135/95) und Amts- gericht Hamburg, Urteil vom 16.01.1987 (44 C 1605/86)
0 - 75%	Störende Ge- räusche der Heizung	Landgericht Mannheim, Urteil vom 23.11.1977 (4 S 95/77) und Landge- richt Hannover, Urteil vom 15.04.1994 (9 S 211/93) und Amtsge- richt Hamburg, Urteil vom 08.01.1987 (49 C 836/86) und Amts- gericht Hannover, Urteil vom 01.10.2014 (412 C 8478/13)

10 - 50%	Schimmelbefall	Landgericht Hamburg, Urteil vom 08.01.2008 (Az 307 S 144/07) und Amtsgericht Norderstedt, Urteil vom 18.12.2009 (42 C 561/08) und Amtsgericht Schöneberg, Urteil vom 10.04.2008 (109 C 256/07) und Amtsgericht Gotha, Urteil vom 24.03.2003 (2 C 116/02) und Amtsgericht Berlin-Tempelhof-Kreuzberg, Urteil vom 19.10.2015 (20 C 234/13) und Landgericht Berlin, Urteil vom 22.10.2010 (63 S 690/09) und Landgericht Konstanz, Urteil vom 20.12.2012 (61 S 21/12 A)
50%	Gerüst vor der Dachgeschosswohnung und Dacharbeiten	Bundesgerichtshof, Urteil vom 12.12.2012 (Az VIII ZR 181/12)
10 - 50%	Erhebliche Lärmbelästigung durch Nachbarn	Amtsgericht Braunschweig, Urteil vom 03.08.1989 (113 C 168/89) und Amtsgericht Bergheim, Urteil vom 11.07.2012 (23 C 147/12) und Landgericht Berlin, Urteil vom 06.02.2015 (63 S 236/14)
50%	Defekte Heizung außerhalb der Heizperiode bei ugewöhn-lich kalter Witterung	Amtsgericht Villingen-Schwenningen, Urteil vom 03.10.2015 (11 C 243/14)
bis 50%	Verstopfte und unbenutzbare Toilette	Amtsgericht Hannover, Urteil vom 10.10.2008 (559 C 3475/08)
25%	Feuchtigkeit wegen schadhaftem Abflussrohr	Landgericht Düsseldorf, Urteil vom 02.11.1994 (24 S 242/94)

0 - 25%	Legionellenbefall des Trinkwassers unterhalb der Grenzwerte	Amtsgericht Dresden, Urteil vom 11.11.2013 (148 C 5353/13) und Amtsgericht München, Urteil vom 25.06.2014 (452 C 2212/14)
25%	Nichtabschließbare Wohnungstür	Amtsgericht Potsdam, Urteil vom 09.03.1995 (26 C 406/94)
20%	Ausfall der Wasserversorgung	Landgericht Berlin, Beschluss vom 18.08.2002 (67 T 70/02)
15 - 20%	Baulärm außerhalb der Wohnung	Landgericht Berlin, Urteil vom 16.06.2016 (67 S 76/16) und Landgericht Berlin, Urteil vom 13.01.2004 (64 S 334/03) und Landgericht Berlin, Urteil vom 13.03.2013 (65 S 321/11)
20%	Störung der häuslichen Ruhe durch Prostitution in Nachbarwohnung	Amtsgericht Wiesbaden, Urteil vom 10.02.1998 (92 C 3285/97 - 28)
20%	Erhebliche Lärmbelästigung durch Nachbarfamilie	Landgericht Chemnitz, Vergleich vom 07.10.1993 (6 S 3680/93)
20%	Erhebliche Belästigungen durch Lärm und Schmutz von Touristen im Haus	Bundesgerichtshof, Urteil vom 29.02.2012 (VIII ZR 155/11)
0 - 20%	Zigarettenrauch aus Nachbarwohnungen	Landgericht Stuttgart, Urteil vom 27.05.1998 (5 S 421/97) und Landgericht Berlin, Urteil vom 07.10.2008 (65 S 124/08) und Amtsgericht

		Charlottenburg, Urteil vom 17.03.2008 (211 C 3/07) und Landgericht Berlin, Urteil vom 30.04.2013 (67 S 307/12) und Amtsgericht Kerpen, Urteil vom 28.04.2010 (110 C 212/09) und Landgericht Hamburg, Urteil vom 15.06.2012 (311 S 92/10) und Amtsgericht Lübeck, Urteil vom 15.10.2013 (27 C 1549/13) und Landgericht Berlin, Urteil vom 15.07.2005 (65 S 408/04) und Amtsgericht Hamburg-St. Georg, Urteil vom 02.11.2010 (920 C 286/09) und Landgericht Berlin, Urteil vom 03.03.2009 (63 S 470/08) und Amtsgericht Wennigsen, Urteil vom 14.09.2001 (9 C 156/01)
20%	Hundekot und Hundeurin im Treppenhaus	Amtsgericht Münster, Urteil vom 22.06.1995 (8 C 749/94)
5 - 20%	Musizierender Nachbar	Amtsgericht Düsseldorf, Urteil vom 11.07.1988 (20 C 79/87) und Landgericht Berlin, Urteil vom 15.03.2011 (65 S 59/10)
20%	Mangelnde Beheizbarkeit und fehlende Regulierbarkeit der Heizung	Amtsgericht Köln, Urteil vom 13.04.2012 (201 C 481/10) und Amtsgericht Kerpen, Urteil vom 05.11.1987 (6 C 249/85)
5 - 20%	Gerüst und Bauarbeiten am Haus	Amtsgericht Wiesbaden, Urteil vom 25.06.2012 (93 C 2696/11) und Landgericht Berlin, Urteil vom 12.04.1994 (63 S 439/93)
10% und mehr	Abweichung der Wohnfläche von Anga-	Bundesgerichtshof, Urteil vom 24.03.2004 (VIII ZR 295/03) und Bundesgerichtshof, Urteil vom

	be im Mietvertrag	02.03.2011 (VIII ZR 209/10) und Bundesgerichtshof, Urteil vom 10.03.2010 (VIII ZR 144/09)
10 - 20%	Rostfärbung des Leitungswassers	Amtsgericht Görlitz, Urteil vom 15.05.1997 (3 C 1347/96) und Amtsgericht Köln, Urteil vom 27.02.1980 (211 C 3195/79)
0 - 15%	Asbestbelastete Bauteile ohne konkrete Gesundheitsgefährdung	Amtsgericht München, Urteil vom 14.09.2001 (433 C 9149/01) und Landgericht München I, Urteil vom 18.02.2004 (15 S 19508/01) und Landgericht Berlin, Urteil vom 03.12.2010 (63 S 42/10) und Landgericht Berlin, Urteil vom 13.05.2015 (18 S 140/14) und Landgericht Berlin, Beschluss vom 29.09.2015 (63 S 112/15)
3 - 15%	Ausfall des Aufzuges bei oberen Geschossen	Amtsgericht Berlin-Mitte, Urteil vom 19.04.2007 (10 C 24/07) und Amtsgericht Berlin-Schöneberg, Urteil vom 26.08.2015 (104 C 85/15) und Amtsgericht Bremen, Urteil vom 04.12.1986 (10 C 300/86) und Amtsgericht Nürnberg, Urteil vom 24.10.2012 (28 C 4478/12) und Amtsgericht Tempelhof-Kreuzberg, Urteil vom 15.01.2014 (2 C 207/13)
0 - 15%	Zugluft durch undichte Fenster	Amtsgericht Villingen-Schwenningen, Urteil vom 03.10.2015 (11 C 243/14) und Amtsgericht Brandenburg a. d. Havel, Urteil vom 28.06.2013 (31 C 279/11) und Landgericht Karlsruhe, Urteil vom 23.09.2005 (9 S 157/05)

10 – 15%	Unterbrochene Warmwasserversorgung	Amtsgericht Rendsburg, Urteil vom 17.02.1988 (3 C 551/87) und Landgericht Berlin, Beschluss vom 04.06.1993 (64 T 69/93)
10 – 15%	Baugerüst mit Sichtbehinderung	Kammergericht Berlin, Urteil vom 08.01.2001 (8 U 5875/98) und Amtsgericht Mainz, Urteil vom 28.11.1996 (10 C 49/96)
0 – 10%	Taubendreck	Amtsgericht Altenburg, Urteil vom 28.01.2005 (5 C 857/04) und Amtsgericht Hamburg, Urteil vom 06.01.1988 (40 a C 2574/87) und Amtsgericht München, Urteil vom 11.06.2010 (461 C 19454/09)
10%	Ungezieferbefall	Amtsgericht Bonn, Urteil vom 08.02.1985 (6 C 277/84) und Amtsgericht Aachen, Urteil vom 19.04.2000 (5 C 5/00)
4 – 10%	Unangenehme Gerüche im Treppenhaus	Amtsgericht Berlin-Charlottenburg, Urteil vom 12.07.2010 (213 C 94/10) und Amtsgericht Gießen, Urteil vom 05.11.2015 (48 C 48/15)
0 – 10%	Abblätternde Farbe im Treppenhaus	Amtsgericht Schöneberg, Urteil vom 31.10.1990 (5 C 72/90) und Landgericht Berlin, Urteil vom 15.03.2002 (63 S 54/00)
2 – 10%	Ausfall von Klingel und Türöffner oder Gegensprechanlage	Amtsgericht Rostock, Urteil vom 30.09.1998 (Az 41 C 183/98) und Landgericht Berlin, Urteil vom 18.11.2004 (67 S 173/07) und Landgericht Dessau-Roßlau, Beschluss vom 31.01.2012 (1 T 16/12) und Landgericht Berlin, Urteil vom 02.12.1991

		(67 S 364/91) und Amtsgericht Potsdam, Urteil vom 09.03.1995 (26 C 406/94) und Landgericht Berlin, Urteil vom 07.07.1992 (63 S 142/92)
10%	Verschattung und eingeschränkte Sicht durch nachträglich angebauten Balkon	Amtsgericht Hamburg-Wandsbek, Urteil vom 08.02.2002 (716A C 265/01)
10%	Erheblicher Baulärm	Landgericht Berlin, Urteil vom 12.04.1994 (63 S 439/93); Landgericht Berlin, Urteil vom 13.01.2004 (64 S 334/03)
0 - 10%	Übermäßiger Kaltwasservorlauf	Amtsgericht Köpenick, Urteil vom 15.11.2000 (12 C 214/00) und Landgericht Berlin, Urteil vom 02.06.2008 (67 S 26/07) und Landgericht Berlin, Urteil vom 05.10.2006 (63 S 194/06)
5%	Fäkalienrückfluss aus der Toilette	Amtsgericht Schöneberg, Urteil vom 31.10.1990 (5 C 72/90)
5%	Trittschallgeräusche wegen unzureichender Schallisolierung	Landgericht Hannover, Urteil vom 15.04.1994 (9 S 211/93)
5%	Ständig überfüllte Mülltonne	Amtsgericht Potsdam, Urteil vom 09.03.1995 (26 C 406/94)
0 - 5%	Verschattung durch Wuchs von Bäumen	Amtsgericht Charlottenburg, Urteil vom 07.09.2006 (211 C 70/06) und Amtsgericht Neukölln, Urteil vom 02.07.2008 (21 C 274/07) und Landgericht Berlin, Urteil vom 05.12.2000 (63 S 155/00)

2%	Verdreckter Innenhof mit Rattenbefall	Landgericht Berlin, Urteil vom 16.02.1999 (64 S 356/98)
2%	Verschmutztes Treppenhaus (z.B. durch Bauarbeiten)	Landgericht Berlin, Urteil vom 12.04.1994 (63 S 439/93)
1%	Defekter Schließmechanismus Briefkasten	Amtsgericht Mainz, Urteil vom 06.05.1996 (8 C 98/96)
0,5%	Zu kleiner Briefkastenschlitz	Landgericht Berlin, Urteil vom 11.05.1990 (29 S 20/90)
0 - 10%	Übermäßiges Hundegebell im Haus	Amtsgericht Hamburg, Urteil vom 06.03.2005 (49 C 165/05) und Bundesgerichtshof, Urteil vom 20.06.2012 (VIII ZR 268/11) und Amtsgericht Düren, Urteil vom 30.08.1989 (8 C 724/88)
0 - 10%	Knarrende Dielen im Altbau	Amtsgericht Köpenick, Urteil vom 26.11.1998 (2 C 305/98) und Amtsgericht Neukölln, Urteil vom 19.11.1991 (8 C 385/91)
0 - 10%	Im Haus ausgeübte Prostitution ohne konkrete Belästigung	Landgericht Berlin, Urteil vom 21.04.2008 (63 S 210/07) und Bundesgerichtshof, Urteil vom 26.09.2012 (XII ZR 122/11) und Landgericht Berlin, Urteil vom 04.03.2008 (65 S 131/07)
0%	Abblätternde Farbe an Fenstern	Amtsgericht Schöneberg, Urteil vom 20.10.2014 (102 C 194/13)
0%	Abgenutzte Türschwellen	Landgericht Berlin, Urteil vom 04.06.1984 (61 S 204/83)

	innerhalb der Wohnung	
0%	Änderung der Hausordnung	Amtsgericht Steinfurt, Urteil vom 14.04.1983 (4 C 490/82)
0%	Asybewerbe-runterkunft in der Nähe	Amtsgericht Gronau, Urteil vom 13.12.1990 (4 C 430/90)
0%	Defekte Haus-nummernbe-leuchtung	Landgericht Berlin, Urteil vom 15.03.2002 (63 S 54/00)
0%	Baugerüst, das nur Küche und Speisekammer verdunkelt	Landgericht Berlin, Urteil vom 05.10.2006 (63 S 194/06)
0%	Feuchtigkeit im Keller bei Alt-bau	Amtsgericht Ansbach, Urteil vom 05.02.2013 (2 C 2268/11) und Amts-gericht München, Urteil vom 11.06.2010 (461 C 19454/09)
0%	Bei vorher-sehbaren Bau-arbeiten mit ent-sprechender Lärbelästigung	Amtsgericht Charlottenburg, Urteil vom 17.10.2013 (202 C 180/13) und Oberlandesgericht München, Urteil vom 26.03.1993 (21 U 6002/92) und Kammergericht Berlin, Urteil vom 03.06.2002 (8 U 74/01) und Landge-richt Berlin, Urteil vom 11.03.2013 (67 S 465/12) und Landgericht Ber-lin, Urteil vom 17.03.2007 (63 S 155/07) und Landgericht Berlin, Ur-teil vom 17.09.2012 (63 S 208/12) und Landgericht Berlin, Urteil vom 10.02.2012 (63 S 206/11) und Landge-richt Gießen, Urteil vom 15.12.2010 (1 S 210/10) und Landgericht Berlin, Hinweisbeschluss vom 27.02.2014 (67 S 476/13)

0%	Wachsende Drogenszene in der Umgebung	Landgericht Düsseldorf, Urteil vom 18.11.1994 (21 S 575/93)
0%	Einfachverglasung	Oberlandesgericht Saarbrücken, Urteil vom 08.05.2013 (2 U 3/13)
0%	Efeubewuchs der Fassade und nistende Vögel	Amtsgericht Köpenick, Urteil vom 03.05.2013 (12 C 384/12)
0%	Ausfall eines von zwei Aufzügen	Kammergericht Berlin, Urteil vom 14.03.2002 (8 U 161/01)
0%	Erhöhter Fluglärm aufgrund Ausbaus eines Flughafens	Amtsgericht Frankfurt am Main, Urteil vom 27.11.2012 (33 C 3517/12) und Amtsgericht Frankfurt am Main, Urteil vom 31.08.2012 (33 C 1839/12) und Landgericht Berlin, Beschluss vom 18.02.2013 (67 S 275/12)
0%	Erhöhter Verkehrslärm nach Ausbau einer innerstädtischen Autobahn	Amtsgericht Köpenick, Urteil vom 09.04.2013 (3 C 336/10) und Landgericht Berlin, Urteil vom 12.10.2000 (62 S 234/00)
0%	Geruchsbelästigungen durch Essensgerüche	Landgericht Essen, Urteil vom 23.09.1999 (10 S 491/98) und Amtsgericht Hamburg-Harburg, Urteil vom 21.09.1992 (643 C 230/92)
0%	Falsche Angaben über Wohnungs-größe in Zeitungsannonce	Amtsgericht München, Urteil vom 10.08.2010 (424 C 7097/09)

0%	Fehlende Fußleisten in einem Wohnraum	Amtsgericht Rheine, Urteil vom 27.03.2013 (14 C 230/11)
0%	Fehlende Schlüssel für die Innentüren	Landgericht Berlin, Urteil vom 20.11.1980 (61 S 200/80)
0%	Gelegentlich auftauchende Spähameisen	Amtsgericht Köln, Urteil vom 06.04.1998 (213 C 548/97)
0%	Gelegentlicher Kinderlärm aus Nachbarwohnung oder von einem nahe gelegenen Spielplatz	Amtsgericht Hannover, Urteil vom 30.05.1984 (523 C 4320/84) und Amtsgericht Spandau, Urteil vom 10.07.2007 (7 C 162/07) und Amtsgericht Hamburg-Bergedorf, Urteil vom 11.11.2008 (409 C 285/08) und Amtsgericht Frankfurt am Main, Urteil vom 13.03.2009 (33 C 2368/08)
0%	Grillgerüche vom Nachbarn	Amtsgericht Bonn, Urteil vom 29.04.1997 (6 C 545/96)
0%	Graffiti im Treppenhaus	Landgericht Berlin, Urteil vom 05.10.2010 (63 S 619/09)
0%	Katzenhaltung im Haus bei Katzenhaarallergie	Amtsgericht Arolsen, Urteil vom 08.03.2007 (2 C 18/07)
0%	Zeitweises Auftreten von Silberfischchen in Feuchträumen	Landgericht Lüneburg, Urteil vom 11.06.1998 (4 S 394/97) und Landgericht Berlin, Urteil vom 18.11.2004 (67 S 173/07)

0%	Mangelnde Schallisolierung innerhalb einer Wohnung	Amtsgericht Spandau, Urteil vom 04.04.2014 (3 C 576/13)
0%	Flächenunterschreitung bei fehlender Verbindlichkeit der Flächenangaben im Mietvertrag	Bundesgerichtshof, Urteil vom 10.11.2010 (VIII ZR 306/09)
0%	Kinderlärm im Treppenhaus beim Verlassen der Wohnung	Landgericht München I, Urteil vom 24.02.2005 (31 S 20796/04)
0%	Vom Mieter verschuldeter Schimmelbefall	Amtsgericht Schöneberg, Urteil vom 20.10.2014 (102 C 194/13)
0%	Mobilfunkantenne auf dem Dach	Landgericht Berlin, Urteil vom 29.10.2002 (63 S 24/02) und Amtsgericht Traunstein, Urteil vom 03.03.1999 (310 C 2158/98)
0%	Schnarchender Nachbar	Amtsgericht Bonn, Urteil vom 25.03.2010 (6 C 598/08)
0%	Kein mehrfacher Schließmechanismus bei Wohnungstür als Einbruchschutz	Amtsgericht Berlin-Mitte, Urteil vom 06.09.2012 (27 C 30/12)

Die nachfolgende Liste dient nur der Orientierung und ist keine Garantie, dass ein Gericht im Einzelfall genau diesen Prozentsatz einer gerechtfertigten Mietminderung annehmen wird.

Die mit „0%" angegebenen Zeilen im unteren Bereich der Tabelle dürften für Sie als Vermieter besonders wertvoll sein. Hier habe ich Ihnen Gerichtsurteile zusammengestellt, in denen eine Mietminderung vollständig abgeschmettert wurde.

In der obigen Tabelle habe ich Ihnen auch die Daten der Gerichtsurteile zusammengestellt. So können Sie gegenüber dem Mieter mit hoher Durchschlagskraft argumentieren, wenn Sie ihm unter Zitierung einer konkreten Gerichtsentscheidung mitteilen, dass sein Mietminderungsverlangen unberechtigt ist.

Die Volltexte der Gerichtsurteile können Sie kostenlos im Internet abrufen, wenn Sie die in der dritten Spalte der Tabelle angegebenen Daten der Gerichtsurteile in das Suchfeld der folgenden Internetseite eingeben: https://dejure.org/gerichte

Bei Durchsicht dieser Tabelle ist Ihnen vielleicht aufgefallen, dass Gerichte relativ häufig mit Fällen befasst sind, in denen Mieter eine Mietminderung wegen Störungen und Belästigungen durch andere Mieter ins Feld führen. Sie mögen sich als Vermieter denken, dass das doch eigentlich unfair ist, dass Sie von einer Mietminderung getroffen werden, weil ein anderer Eigentümer im Haus einen schlechten Mieter ausgewählt hat. Denn Ihre Einflußmöglichkeiten gegenüber diesen Mietern sind relativ begrenzt. Sie könnten allenfalls den Vermieter ansprechen und versuchen, ihn zu einer Abmahnung oder Kündigung

Sind Sie schon einmal aufgrund nervender Nachbarn umgezogen?

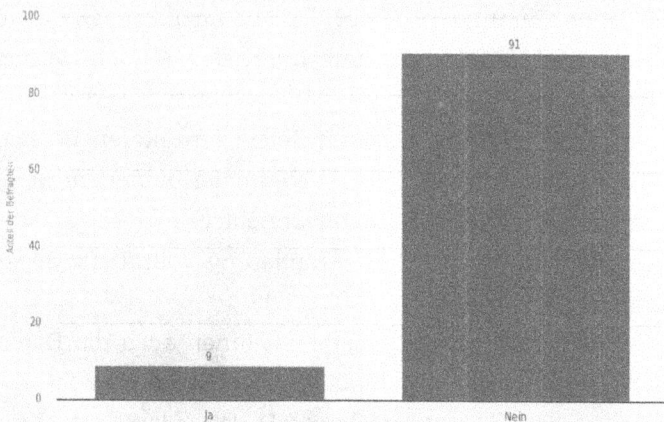

Quelle: Immowelt (2011): „Sind Sie schon einmal aufgrund nervender Nachbarn umgezogen?", zitiert nach de.statista.com, URL: https://de.statista.com/statistik/daten/studie/241522, Abruf am 25.10.2016, 17:00 Uhr

des störenden Mieters zu überreden. Die Hoffnung, dass der belästigte Mieter kampflos das Feld räumt und auszieht statt die Miete zu mindern, erweist sich in der Regel als trügerisch. Auch das ist statistisch belegt. Ich verweise dazu auf die Grafik auf dieser Seite. Vielmehr mindern die Mieter die Miete, so dass am Ende des Tages Sie als Vermieter der Leidtragende sind.

Nehmen Sie daher Beschwerden von Mietern über Nachbarn sehr ernst und ergreifen Sie frühzeitig Maßnahmen. Dokumentierten Sie gegenüber Ihrem Mieter, dass Sie den Vermieter der Wohnung des Störers zu disziplinarischen Maßnahmen gegen den Störenfried angehalten haben. So können Sie möglicherweise vermeiden, dass der Mieter Ihnen die Störungen anlastet und die Miete mindert. Im Idealfall können Sie sogar erreichen, dass die Störungen aufhören.

Grundsätzlich gilt, dass ein Vermieter dem Mieter bei einer berechtigten Minderung nicht kündigen darf wegen Verzuges mit der Mietzinszahlung. Das gilt auch dann, wenn die vom Mieter vorgenommene Kürzung zu hoch ist. Vielmehr ist Voraussetzung für eine Kündigung wegen Zahlungsverzuges, dass den Mieter bei Verkennung der Sachlage und der unberechtigten Mietminderung ein Verschulden trifft.[62]

Insgesamt hat sich das nachfolgend dargestellte Vorgehen des Vermieters bewährt, wenn der Mieter die Miete mindert:

b) Sachverhalt aufklären

Wie oben ausgeführt, trägt der Mieter die Beweislast dafür, dass die Wohnung einen Mangel hat, der zur Minderung der Miete berechtigt. Daher könnte sich der Vermieter eigentlich zunächst einmal zurücklehnen und den Mangel bestreiten und abwarten, welche Beweise der Mieter vorlegt. Das ist jedoch tatsächlich nicht ratsam.

Denn ein solches Vorgehen würde einen möglichen Konflikt mit dem Mieter nur unnötig anfachen und verschärfen. Außerdem läuft der Vermieter Gefahr, dass der Mieter ein kostenträchtiges Beweissicherungsverfahren bei Gericht anstrengt. Wenn sich der Mangel dann als

---

[62] Ich verweise dazu auf das Urteil des Bundesgerichtshofes vom 11.07.2012 (Az. VIII ZR 138/11).

vorhanden erweist, trägt der Vermieter die Kosten. Daher sollte man sich als Vermieter interessiert zeigen für die Behauptungen des Mieters und möglichst zeitnah die vermeintlichen Mängel in Augenschein nehmen oder nehmen lassen.

Wenn sich herausstelt, dass der behauptete Mangel tatsächlich vorhanden ist, kann in dem Besichtigungstermin in aller Regel auch unbürokratisch eine Einigung erzielt werden, ob und in welchem Umfang der Mangel für die Zeitspanne bis zur Beseitigung zur Mietminderung berechtigt. Dazu kann die oben abgedruckte Tabelle einen Anhaltspunkt bieten. Handelt es sich um einen untergeordneten Mangel und hat der Mieter das böse Wort „Mietminderung" noch nicht in den Mund genommen, dann kann es klug sein, das Thema nicht anzusprechen so lange der Mieter es nicht tut. Wenn der Mangel zügig behoben wird, hat der Mieter in der Regel gar kein Interesse mehr daran, die Miete zu mindern. Hat der Mieter jedoch bereits eine Forderung nach einer Mietminderung gestellt, ist es durchaus sinnvoll, mit der Rechtsprechung und den entsprechenden Mietminderungsquoten zu argumentieren. Das hat eine hohe argumentative Durchschlagskraft und hilft darüber hinaus, den Mieter zu besänftigen. Denn immerhin wird er mit seinem Mangel vom Vermieter ernst genommen. Das hat häufig einen nicht zu unterschätzenden Effekt, der hilfreich sein kann bei der Konfliktvermeidung.

Wenn sich herausstellt, dass der behauptete Mangel besteht, dann sollte der Vermieter diesen zeitnah beheben, um möglichst zügig wieder in den Genuss der vollen Miete zu gelangen. Denn die Miete kann so lange gemindert werden wie der Mangel besteht. In dem Termin kann der Mangel dokumentiert werden (z.B. mit Fotos), um einen Handwerker mit der Beseitigung zügig beauftragen zu können.

Stellt sich heraus, dass ein Mangel vom Mieter nur vorgeschoben ist, dann sollte auch der angebliche Mangel unbedingt vor Ort mit Fotos dokumentiert werden. Wenn der Mieter auf „Krawall gebürstet" ist, kann es sich als nützlich erweisen, einen Zeugen zu dem Termin mitzunehmen. Immerhin kann man diesen in späteren Schreiben an den Mieter benennen, um diesen zum Einlenken zu bewegen.

Schließlich gibt es noch eine dritte Variante: Der Mangel ist zwar vorhanden (z.B. Schimmel an einer Wand), aber es ist unklar, ob der Mieter den Mangel schuldhaft verursacht hat (z.B. durch das Versäumnis zu lüften oder in den Wintermonaten hinreichend zu heizen). In einem solchen Fall sollten Sie als Vermieter auch **Ursachenforschung** betreiben und den Mieter z.B. nach seinem Lüftungs- und Heizverhalten befragen. Stellt sich z.B. heraus, dass der Mieter die Schlafzimmer im Winter gar nicht heizt und dort auch noch Wäsche trocknet, dann ist das mit hoher Wahrscheinlichkeit die Ursache für Schimmel an den Wänden. Stellt sich hingegen heraus, dass der Mieter hinreichend heizt und lüftet, spricht das dafür, dass tatsächlich ein Mangel vorliegt. Das kann z.B. eine Undichtigkeit oder eine schlechte Isolierung der Fassade sein, wenn es sich um eine Außenwand handelt.

c) Klare Vereinbarungen treffen und dokumentieren

In jedem Fall sollten Sie als Vermieter klare Vereinbarungen mit dem Mieter treffen, wie es nach der gemeinsamen Begehung der Wohnung und Inaugenscheinnahme des vermeintlichen Mangels weitergeht. So können Sie unter Umständen verhindern, dass der Mieter die Miete weiter mindert oder ungeduldig wird und dadurch das Verhältnis belastet wird. Sie könnten z.B. mit dem Mieter vereinbaren, dass er auf eine Mietminderung verzichtet, wenn der Mangel innerhalb einer bestimmten Frist (z.B. 14 Tage) beseitigt wird.

d) Feststellungsklage

Wenn es unüberbrückbare Meinungsverschiedenheiten mit dem Mieter über die Erheblichkeit und Verantwortlichkeit für einen Mangel gibt und der Mieter die Miete hartnäckig mindert, dann bleibt unter Umständen nur noch der Weg einer Feststellungsklage beim Gericht. Es müsste dann eine gerichtliche **Feststellung durch Urteil beantragt werden,** dass kein zur Minderung berechtigender Mangel der Mietsache vorliegt und die Miete ungekürzt zu zahlen ist. Eine gerichtliche Auseinandersetzung sollte jedoch Ultima Ratio sein.

e) Alternative: Kündigung wegen Zahlungsverzuges

Eine Alternative zur Feststellungsklage ist eine Kündigung des Mieters wegen Zahlungsverzuges. Dann sollten Sie sich als Vermieter jedoch sicher sein, dass Sie entweder die Mangelfreiheit oder die Verantwortlichkeit des

Mieters für einen Mangel nachweisen können. Denn wenn sich herausstellt, dass dieser Beweis nicht erbracht werden kann, dann verlieren Sie das Gerichtsverfahren und haben einen rebellischen Mieter, der Ihnen auf lange Zeit das Leben schwer machen könnte.

Mit einer Kündigung wegen Zahlungsverzuges müssen Sie warten bis insgesamt mindestens zwei Monatsmieten Verzug aufgelaufen sind.[63] Darüber hinaus ist zu berücksichtigen, dass auch eine überhöhte oder ungerechtfertigte Mietminderung nicht in jedem Fall zur Kündigung wegen Zahlungsverzuges berechtigt. Vielmehr ist Voraussetzung, dass den Mieter bei Verkennung der Sachlage und der unberechtigten Mietminderung ein Verschulden trifft.[64] Das kann z.B. angenommen werden, wenn ein Verursachungszusammenhang des Mangels mit Vertragsverletzungen des Mieters auf der Hand liegt und der Mieter sich diesen Erkenntnissen stur verschlossen hat. In dem oben zitierten Fall des Bundesgerichtshofes hatte der Mieter mehrere Aquarien und Terrarien in seiner Wohnung, die nach der Feststellung des Gutachters die Ursache für die Schimmelbildung an den Wänden waren. Bei einer solchen Sachlage hat das Gericht die Außerachtlassung dieses Ursachenzusammenhangs durch den Mieter als schuldhaft eingestuft und die Wirksamkeit der Kündigung wegen Zahlungsverzuges aufgrund von unberechtigter Mietminderung bestätigt.[65]

---

[63] Dazu finden Sie weiter oben unter 1. weitere Ausführungen.

[64] Ich verweise dazu auf das Urteil des Bundesgerichtshofes vom 11.07.2012 (Az. VIII ZR 138/11).

[65] Ich verweise dazu auf das Urteil des Bundesgerichtshofes vom 11.07.2012 (Az. VIII ZR 138/11).

Das Instrument der Kündigung wegen Zahlungsverzuges kann durchaus hilfreich sein, um den Druck auf einen renitenten Mieter zu erhöhen, wenn der Mieter Mängel wahrheitswidrig behauptet oder ein Verschulden des Mieters für einen Mangel auf der Hand liegt. Ist die Lage hingegen unübersichtlich und die Ursache für einen Mangel unklar, ist dem Vermieter zur Vorsicht zu raten. Wenn der Mieter genervt auszieht und das Gericht später die Kündigung als rechtswidrig einstuft, weil z.B. ein Verschulden des Mieters für den Mangel nicht zweifelsfrei festgestellt werden konnte, macht sich der Vermieter durch die unberechtigte Kündigung schadensersatzpflichtig. Der Mieter kann den Vermieter infolgedessen auf Schadensersatz für Umzugskosten und eine erhöhte Miete in der Ersatzwohnung in Anspruch nehmen.

f) Kompromiss: Stundung, Vorbehaltszahlung oder Hinterlegung

Wenn Sie als Vermieter den Eindruck haben, dass der Mieter die Miete nur deshalb mindert, weil er finanzielle Probleme hat, müssen Sie grundsätzlicher nachdenken. Sind die Zahlungsschwierigkeiten absehbar vorübergehend (z.B. bei einem gut ausgebildeten Mieter, der unverschuldet seine Arbeit verloren hat durch die Insolvenz des Arbeitgebers), so können Sie über die Vereinbarung eines zeitlich befristeten Zahlungsaufschubes eines Teils der Miete nachdenken, um den Zahlungsengpass des Mieters zu überbrücken.

Ist hingegen absehbar, dass die Zahlungsschwierigkeiten des Mieters langfristig sein werden, so sollten Sie anstreben, das Mietverhältnis möglichst zeitnah zu beenden.

Das kann durch einen Mietaufhebungsvertrag[66] oder (bei Vorliegen der Voraussetzungen) durch eine Kündigung wegen Zahlungsverzuges erfolgen.

Bis zur tatsächlichen Beendigung und bis zum Auszug des Mieters sollten Sie versuchen, diesen zu einer Vorbehaltszahlung oder zur Hinterlegung des Betrages bei der Hinterlegungsstelle des Amtsgerichtes anzuhalten. So können Sie Zahlungsausfälle vermeiden, wenn der Mieter am Ende des Tages zahlungsunfähig ist.

3. AUßERORDENTLICHE KÜNDIGUNG

Ein Vermieter kann den Mietvertrag über Wohnraum nur bei Vorliegen eines wichtigen Grundes außerordentlichen kündigen. Das Gesetz enthält dazu eine generalklauselartige Regelung in § 543 Absatz 1 BGB und eine beispielhafte, aber nicht abschließende Aufzählung von außerordentlichen Kündigungsgründen in § 543 Absatz 2 BGB. Es ist eine Abwägung im Einzelfall erforderlich, ob die Vertragsverletzung durch den Mieter hinreichend gewichtig ist, um eine außerordentliche und fristlose Kündigung zu rechtfertigen. Darüber hinaus sieht das Gesetz vor, dass eine Kündigung erst nach einer fruchtlosen Abmahnung des Mieters wegen der Vertragsverletzung zulässig ist, wenn nicht im Einzelfall eine solche entbehrlich ist

---

[66] Einen Mustertext für einen Mietaufhebungsvertrag finden Sie in meinem Buch mit dem Titel „Vermietung & Mieterhöhung – Wegweiser zu Ihrem Erfolg". Das Buch enthält zahlreiche Mustertexte und Musterschreiben und einen anwaltsgeprüften Mustermietvertrag, den Sie als Datei per E-Mail anfordern können. Sie finden das Buch auf der folgenden Internetseite: http://amzn.to/22FlloI

(z.B. wegen der besonderen Schwere der Vertragsverletzung oder wegen Aussichtslosigkeit, wenn der Mieter uneinsichtig ist und eine Besserung seines Verhaltens nicht zu erwarten ist).[67]

Da eine Abgrenzung schwierig ist, wann eine Abmahnung entbehrlich ist und wann nicht, ist es in jedem Fall empfehlenswert, **vor** der Kündigung eine Abmahnung auszusprechen und eine Frist zur Beendigung der Vertragsverletzung durch den Mieter zu setzen.

Zur Orientierung, ob ein Kündigungsgrund hinreichend schwerwiegend ist für eine außerordentliche Kündigung des Mietvertrages, diene folgende Liste mit tatsächlich von Gerichten entschiedenen Fällen:

- Dauerhaft Unpünktliche Mietzahlung
- Beleidigung, üble Nachrede, Verleumdung, Nötigung, Tätlichkeiten gegenüber dem Vermieter oder anderen Mietern
- Blockade- und Boykottmaßnahmen des Mieters anlässlich von Umwandlungs-, Sanierungs-, oder Verkaufsmaßnahmen
- Mutwillige Strafanzeigen gegen den Vermieter, die jedweder Grundlage entbehren
- Anstößiger Lebenswandel (z.B. Drogenhandel in der Wohnung oder wiederholte und nachhaltige nächtliche Ruhestörung)
- Verletzung von Aufklärungspflichten (insbesondere falsche Angaben in der Mieterselbstauskunft)

---

[67] Siehe § 543 Abs. 3 BGB.

4. Zwangsräumung

Die Zwangsräumung ist der letzte Akt einer Tragödie für einen Vermieter. Sie stellt die Durchsetzung der Räumung einer Wohnung mit staatlichen Zwangsmitteln dar. Sie ist nur möglich auf der Grundlage eines Vollstreckungstitels (Gerichtsurteil, Zuschlagsbeschlusses bei einer Zwangsversteigerung oder vollstreckbare Ausfertigung einer notariellen Räumungsverpflichtung). Das erklärt sich durch das Gewaltmonopol des Staates. Ein Vermieter darf nicht eigenmächtig einen vertragsbrüchigen Mieter mit Gewalt und Zwangsmitteln aus der Wohnung vertreiben. Das darf nur der Staat auf der Grundlage einer rechtsstaatlich zustande gekommenen Entscheidung, die dann vom Gerichtsvollzieher vollstreckt wird.

In diesem Zusammenhang ist auch entschieden worden, dass die Unterbrechung von Strom- oder Wasserversorgung für eine Wohnung durch den Vermieter eine Nötigung darstellt und als Mittel zur eigenmächtigen Durchsetzung einer Räumung unzulässig ist.

Bei einem hartnäckigen und vertragsbrüchigen Mieter bleibt daher leider keine andere Möglichkeit als den langen und steinigen Weg zu gehen, ein Gerichtsurteil zur Räumung zu erstreiten und dieses im Wege der Zwangsvollstreckung vom Gerichtsvollzieher durchzusetzen zu lassen. Dabei ist nicht nur der erhebliche Zeitaufwand für den Vermieter ein belastender Faktor.[68] Darüber hinaus

---

[68] Einziges Trostpflaster für den Vermieter ist die mit dem Mietrechtsreformgesetz im Jahre 2013 eingeführte Regelung, dass Räumungsklagen bei den Amtsgerichten vorrangig bearbeitet werden müssen.

wird der Vermieter mit erheblichen Kosten für die Erlangung des Gerichtsurteiles und für die Zwangsvollstreckung belastet. Der Gerichtsvollzieher beginnt nämlich erst dann mit der Zwangsräumung, wenn der Vermieter die Kosten dafür vorgestreckt hat. Obwohl letztendlich der Mieter für diese Kosten gerade stehen muss, bleibt der Vermieter häufig auf diesen Kosten sitzen, wenn der Mieter kein Geld hat.

Vor dem Hintergrund der erheblichen Kosten einer Zwangsräumung, hat die Praxis das sogenannte Berliner Modell entwickelt, um Kosten zu sparen. Bei der Berliner Räumung übt der Vermieter das Vermieterpfandrecht gemäß § 562 BGB an allen in der Wohnung befindlichen Sachen des Mieters aus und beantragt nur die Vollstreckung der Herausgabe der Wohnung.

In der Praxis bedeutet das, dass der Gerichtsvollzieher nur das Schloss auswechselt und den Mieter aus der Wohnung weist. Damit entfallen die Kosten für Transport und Einlagerung des Hausrats wodurch auch der Kostenvorschuss an den Gerichtsvollzieher deutlich reduziert ist. Dieses Berliner Modell ist vom Bundesgerichtshof anerkannt und mittlerweile auch vom Gesetzgeber im Gesetz verankert worden.[69]

---

[69] Siehe § 885a ZPO und Bundesgerichtshof, Beschluss vom 17.11.2005 (Az I ZB 45/05) - abgedruckt in NZM 2006, 149

BONUSMATERIAL

Als Bonusmaterial zu diesem Ratgeber ist ein mächtiges Berechnungstool verfügbar, mit dem Sie alle wichtigen Eckdaten einer Renditeimmobilie erfassen können. Als Erwerber dieses Buches erhalten Sie das Tool kostenlos als Bonus, wenn Sie per Email einen Downloadlink anfordern: mk2@alexander-goldwein.de

Das Berechnungstool wurde mit größtmöglicher Sorgfalt erstellt. Für die Richtigkeit ist eine Haftung des Autors oder des Verlages ausgeschlossen.

DER AUTOR

Alexander Goldwein ist gelernter Jurist und hat einen internationalen Bildungshintergrund. Er hat in drei Staaten in drei Sprachen studiert. Er ist mit Kapitalanlagen in Immobilien selfmade Millionär geworden.

Als Autor und Berater hat er zahlreiche Menschen zu wirtschaftlichem Erfolg geführt. Goldwein verfügt über eine große Bandbreite praktischer Erfahrung aus seiner Tätigkeit als Jurist in der Rechtsabteilung einer Bank sowie als kaufmännischer Projektleiter in der Immobilienbranche. In seiner praktischen Laufbahn hat er Immobilieninvestments in den USA und in

Deutschland aus wirtschaftlicher und rechtlicher Sicht begleitet und verantwortet. Durch seine Bücher hat Goldwein sich bei privaten Kapitalanlegern einen legendären Ruf erarbeitet, weil er mit seinen ganzheitlichen Erklärungsansätzen den idealen Nährboden für gelungene Investitionen in Wohnimmobilien erzeugt. Mit eigenen Investitionen in Immobilien hat er ein beachtliches Vermögen aufgebaut und wirtschaftliche Unabhängigkeit erlangt.

Goldwein verfolgt konsequent den Ansatz, komplexe Themen einfach zu erklären, so dass auch Anfänger ohne Vorkenntnisse mühelos folgen können. Er erreicht so alle, die gerne in Immobilien investieren würden, aber bisher noch keinen Zugang zu dem notwendigen Fachwissen erhalten haben. Leider werden Grundkenntnisse des Investierens und des klugen Umgangs mit Geld in unserem Bildungssystem sträflich vernachlässigt. So erklärt sich, dass viele Menschen sich damit schwer tun und ihre Chancen nicht richtig nutzen.

GELD VERDIENEN MIT WOHNIMMOBILIEN

Erfolg als privater Immobilieninvestor

Als gebundene Ausgabe, Taschenbuch und eBook bei
Amazon erhältlich:

http://amzn.to/22FkyNs
ISBN: 978-0993950643 (Taschenbuch)
ISBN: 978-0994853332 (Gebundene Ausgabe)

STEUERLEITFADEN FÜR IMMOBILIEN-INVESTOREN

Der ultimative Steuerratgeber für Privatinvestitionen in Wohnimmobilien

Als gebundene Ausgabe, Taschenbuch und eBook bei Amazon erhältlich:

http://amzn.to/2ecvfF2

ISBN: 978-0994853363 (Taschenbuch)

ISBN: 978-0994853387 (Gebundene Ausgabe)

VERMIETUNG & MIETERHÖHUNG

Wegweiser zu Ihrem Erfolg: Mit anwaltsgeprüftem Mustermietvertrag

Als gebundene Ausgabe, Taschenbuch und eBook bei Amazon erhältlich:

http://amzn.to/22FlloI
ISBN: 978-0994853318 (Taschenbuch)
ISBN: 978-0994853394 (Gebundene Ausgabe)

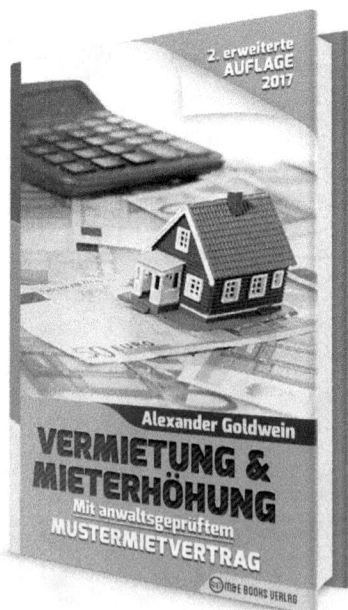

IMMOBILIEN STEUEROPTIMIERT VERSCHENKEN&VERERBEN

Erbfolge durch Testament regeln & Steuern sparen mit Freibeträgen & Schenkungen von Häusern & Eigentumswohnungen

Als gebundene Ausgabe, Taschenbuch und eBook bei Amazon erhältlich:

http://amzn.to/2cAaoPs

ISBN: 978-0994853370 (Taschenbuch)

ISBN: 978-0994853349 (Gebundene Ausgabe)

DIE GESETZE VON ERFOLG & GLÜCK

Ihr Weg zu finanzieller Freiheit & Zufriedenheit
Als gebundene Ausgabe, Taschenbuch und eBook bei
Amazon erhältlich:
http://amzn.to/2pPSAAm
ISBN: 978-3947201013 (Taschenbuch)
ISBN: 978-3947201136 (Gebundene Ausgabe)

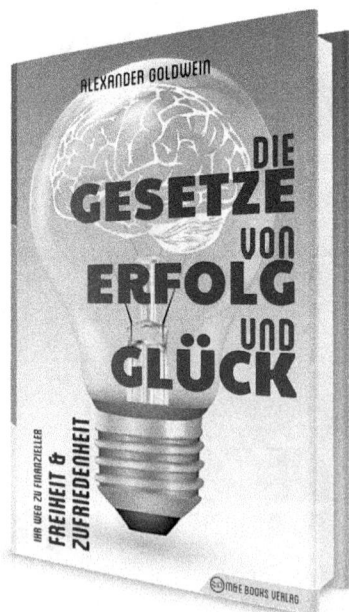

IMMOBILIENFINANZIERUNG FÜR EIGENNUTZER

Ratgeber für Kauf, Bau & Kredit
Als gebundene Ausgabe, Taschenbuch und eBook bei
Amazon erhältlich:
http://amzn.to/2tCIoAc
ISBN: 978-3947201099 (Taschenbuch)
ISBN: 978-3947201105 (Gebundene Ausgabe)

FERIENIMMOBILIEN ALS KAPITALANLAGE

Ferienwohnungen und Ferienhäuser im Inland und Ausland erwerben, finanzieren & vermieten

Als gebundene Ausgabe, Taschenbuch und eBook bei Amazon erhältlich:

http://amzn.to/

ISBN: 978-3947201150 (Taschenbuch)
ISBN: 978-3947201167 (Gebundene Ausgabe)